ESPEJOS

DOCE RELATOS HISPANOAMERICANOS
DE NUESTRO TIEMPO

ESPEJOS

DOCE RELATOS HISPANOAMERICANOS DE NUESTRO TIEMPO

Donald A. Yates

Michigan State University

HOLT, RINEHART AND WINSTON
NEW YORK • SAN FRANCISCO • TORONTO • LONDON

Library of Congress Cataloging in Publication Data

Main entry under title:

Espejos: doce relatos hispanoamericanos de nuestro tiempo

CONTENTS: Denevi, M. La mariposa.— Anderson Imbert, E. La sandía.—Rulfo, J. Diles que no me maten. [etc.]

1. Spanish language— Readers. I. Yates, Donald A.

PC4117.E64 468'.6'421 79-22109

ISBN 0-03-045651-7

Permissions and acknowledgments appear at the end of this book.

Printed in the United States of America

234567 090 121110

For Joanne — companion
across many miles and many pages.

INDICE

Introduction ix

1 *La sandía,* Enrique Anderson Imbert 1

2 *La mariposa,* Marco Denevi 13

3 *Espuma* y *nada más,* Hernando Téllez 25

4 *Diles que no me maten,* Juan Rulfo 35

5 *Casa tomada,* Julio Cortázar 49

6 *Un día de estos,* Gabriel García Márquez 61

7 *Tocayos,* José Donoso 71

8 *La flecha y la manzana,* Augusto Roa Bastos 83

9 *El hermano menor,* Mario Vargas Llosa 95

10 *Cuando se estudia gramática,* Guillermo Cabrera Infante 113

11 *El túnel,* Ernesto Sábato 125

12 *Chac Mool,* Carlos Fuentes 139

Vocabulario 157

Introduction

ESPEJOS: *Doce relatos hispanoamericanos de nuestro tiempo* is an intermediate-level Spanish reading text which brings together the stories of twelve celebrated Hispanic writers. The stories in this collection, however, have been selected not so much for the overall literary accomplishments of their authors but rather for the more practical reason that, in the editor's opinion, they make for absorbing and entertaining reading at the intermediate Spanish level.

The main focus of *Espejos* is on stories of recent vintage. All of the authors in this anthology were born in the twentieth century and almost all of them are still actively engaged in writing fiction. Of the twelve authors represented here, only Hernando Téllez has died (1966) and only Juan Rulfo has not published new work during the past five years.

Many of the authors chosen for *Espejos* have contributed significantly to bringing Spanish American literature into unprecedented prominence in our time. In 1966, Luis Harss published his landmark critical study, *Into the Mainstream,* in which he analyzed the work of the ten contemporary writers who, in his judgment, have made the greatest achievements toward modernizing narrative techniques in Latin America. Of the seven Spanish-language writers chosen by Harss who were born in this century, five are included here: Rulfo, Cortázar, García Márquez, Fuentes, and Vargas Llosa.

The idea for creating a collection such as *Espejos* grew out of the success of its companion reader, *Imaginación y fantasía: Cuentos de las Américas.* Now in its Third Edition from Holt, Rinehart and Winston, *Imaginación y fantasía* is an intermediate-level reading text that has enjoyed considerable success since its initial publication. Undoubtedly, the text's popularity is based mainly on the intrinsic appeal of the stories chosen for inclusion in that reader. *Espejos* shares the fundamental intent of the earlier collection— readability— while differing in its emphasis on works by contemporary authors.

While the narrative styles of the tales in *Espejos* vary widely, their themes are familiar and timeless: love, sex, death, honor, loneliness. Their moods shift from the philosophical to the sentimental, from the suspenseful to the cruel and grim. In their totality, they speak to us eloquently of the day-to-day experiences of contemporary Spanish American life.

In addition to its primary intention of providing attractive reading selections, this text has a secondary purpose— to stress language. To this end, exercises have been prepared to accompany each story. They are as follows.

Exercise A, the **Question** section, is a check-up drill on understanding that is intended to lead to a full comprehension of the most significant features of each story.

Exercise B, the **Translation** exercise, deals with verbs taken from the story. Many of these verbs are idiomatic in their English rendition and deserve special attention. In many cases, the use of the verb in two sentences has made it possible to indicate more than a single possible English meaning.

Exercise C, the **Drill on Expressions,** serves to stress certain useful non-verbal expressions found in each story. Its main purpose is to add to the reader's passive vocabulary.

Exercise D, the **"Context" Exercise,** suggests a new way of giving voice to one's individual expression in Spanish. There is no single "right" response here, since the basic purpose of the exercise is to encourage the student to think ideas through independently *in Spanish,* without the inhibitor of a fixed English model to be reproduced. Ideally, students should place themselves in a context that calls for the expression of a certain thought, and then proceed to communicate that thought directly in Spanish, without the interference of specific English words.

Finally, a **Review Exercise** has been included at the end of every other story.

Since the stories in this selection have been arranged generally in increasing degree of difficulty, it is advisable that they be read in the order in which they appear. Moreover, each exercise unit draws its vocabulary to some degree from previous exercise sections. Clearly, this cumulative effect, devised to reinforce learning, is a feature that can be realized only if the stories are read in the order in which they are presented here.

One last word: I should like to encourage students to *guess* at word meaning whenever possible in the reading of these stories. With some effort— and after a little practice— they will learn to arrive at a probable meaning based on increasing "word-wisdom" and on context. In this way many unnecessary trips to the end vocabulary will be avoided. They may eventually confirm the accuracy of their guess when the story is subsequently reviewed or discussed. In this regard, it is desirable that students first read the end vocabulary heading carefully, noting the types of words excluded from the listing. They will discover that most of the words that can reasonably be guessed have been omitted. Increasing one's reading pace in this manner is a necessary step toward attaining the highly important goal of reading Spanish at near-natural rhythm, without painstaking and distracting pauses to look up the meaning of individual terms.

Enrique
Anderson Imbert

LA SANDÍA

ARGENTINA: Afternoon of a Lonely Professor

ENRIQUE ANDERSON IMBERT (1910-) was a professor of literature at the Argentine National University of Tucumán until 1946, when he left his position in protest against the dictatorship of Juan Domingo Perón. He left his country for the United States, where he taught, mainly at Harvard and the University of Michigan. There he established himself as a gifted teacher, author, and literary critic. Since 1955, when the Perón dictatorship was overthrown, he has returned often to Buenos Aires, but his teaching career has been inseparably linked to the United States, to the incalculable benefit of American students.

Anderson Imbert's importance as an author has emerged gradually over the past few decades. Despite his many professional activities and duties, he has never stopped writing. *La sandía* is taken from his collection of stories entitled *La sandía y otros cuentos* (1969). Characteristically, the story is a sensitive and imaginative blend of realism and fantasy. There is, in fact, much to admire in Anderson Imbert's masterly style. The language is clear, poetically phrased, and studded with surprising imagery. The climax is prepared with meticulous care. Even the association of the human head with the watermelon is insinuated well before the story's conclusion. The action of the story is forthrightly laid out — a subtle tale of conflict between local people and foreigners. But the message underlying the anecdote runs deeper: we are confronted with an eloquent parable of loneliness.

LA SANDÍA

Galán había ido a Boulder, Colorado, Estados Unidos, para enseñar literatura en la escuela de verano de la universidad. De lunes a viernes, gracias al alboroto estudiantil,[1] el tiempo pasaba volando; pero los sábados y domingos ¡qué aburridero[2]! Los estudiantes se escabullían[3] y él se quedaba solo, vagando entre aulas abandonadas. Para peor,[4] este fin de semana se prolongaba en un lunes que también era fiesta: el 4 de julio. Día de la Independencia . . . de otra patria. O sea,[5] un día más de aburrimiento. Galán hubiera querido despachar las clases una tras otra, sin descanso, para acabar de una vez[6] y marcharse de vacaciones.

Muy temprano, ya aburrido, salió de su residencia. Un auto — el único a esas horas — se detuvo a su lado.

¡Hola! ¿Qué tal?

Era uno de los decanos, a quien había conocido en la inauguración de cursos.[7] "Parece un gigante", pensó Galán, "pero es porque lo estoy viendo a través de un cristal de aumento[8]: en realidad es un chico lampiño y rubicundo".

— ¿Quiere que lo lleve a alguna parte?

— No voy a ninguna parte.

[1] **alboroto estudiantil** student clamor.
[2] **¡qué aburridero!** what absolute boredom!
[3] **se escabullían** would escape.
[4] **Para peor** What was worse.
[5] **O sea** In other words.
[6] **de una vez** at once.
[7] **inauguración de cursos** faculty reception (at the beginning of the school year).
[8] **cristal de aumento** magnifying glass.

—Si no tiene otra cosa que hacer ¿por qué no se viene conmigo?

—¿Adónde?

—A un valle.

—Si no es molestia para usted . . .

—Molestia, ninguna. Suba.

Y partieron.

—Lo voy a llevar al Valle de los Treinta.

—¿Treinta qué?

—Treinta amigos. Nos pusimos de acuerdo, lo compramos y con las maderas del bosque y las piedras de la montaña nos levantamos unas casas. Durante años y años hemos veraneado allí. Pero ahora el Gobierno nos expropia las tierras para construir una represa.[9] Justamente hoy, a las diez, nos reunimos con nuestro abogado. Estoy seguro de que vamos a conseguir una buena indemnización, pero aun así lamento perder ese paraíso, sobre todo por mis niños. Para ellos la vida en la valle es la felicidad misma. Imagínese cómo les habrá caído la noticia[10] de que teníamos que irnos.

—¡Pobres! Los comprendo.

—Andan con la cara larga. Están convencidos de que la culpa es de unos espías que, respaldados[11] por un gobierno enemigo, se metieron en nuestras tierras y ahora nos despojan . . . Como en una película de bandidos ¿no?, con cowboys buenos y cowboys malos.

Se rieron. Galán esperó un ratito y dijo:

—Mire. Pensándolo bien,[12] creo que lo mejor será que dejemos el paseo para otro día. Hoy están ustedes muy ocupados y mi presencia los va a molestar.

—No. Si usted no estará presente. Mientras nosotros conversamos con el abogado, usted se da unas vueltas, solito y su alma.[13] Le va a gustar.

—Pero no estoy presentable: así, en mangas de camisa, con esta barba de dos días.

—No se preocupe.

Por las ventanillas del auto Galán vio cómo los senderos—estrechos, tortuosos—huían del inmenso azul de la mañana y se ocultaban en un laberinto de cuestas. Tres veces se bajó el decano y abrió el candado de tres tranqueras.[14] Unos barquinazos más y por fin el auto frenó frente a una

[9] **represa** dam.
[10] **cómo . . . noticias** how they must have taken the news.
[11] **respaldados** supported.
[12] **Pensándolo bien** On second thought.
[13] **usted . . . alma** you can take a walk, all by yourself.
[14] **candado . . . tranqueras** padlocks of three gates.

cabaña. En la sala bebían cerveza muchos caballeros: nórdicos, rubios, altos, fuertes. El decano presentó a Galán. Un saludo exacto[15] y esos caballeros — de apellidos anglosajones y escandinavos — siguieron hablando de expropiaciones e indemnizaciones. "No es que sean fríos", pensó Galán, "es que hoy no tienen el ánimo para cortesías de salón.[16] Además, entre ellos y yo no hay nada en común. A mí me faltan esos ojos claros y me sobran estos bigotazos negros; debo parecerles una criatura inferior". A una voz[17] se formó la asamblea. El decano sonrió a Galán y Galán, sonriendo, salió de la cabaña y empezó a alejarse.

Era un lugar raro. En el aire vibraba una violencia a punto de manifestarse. "Algo va a pasar aquí; una aventura, cualquier cosa", se dijo Galán. Y se rió. "El lugar, en sí, es la aventura". Un cerro lo invitó — lo desafió, más bien — a trepar. Trepó. "Todavía estoy ágil. Los cincuenta años no me pesan. ¡Arriba!". Cuando estaba llegando a lo que creía ser la cima descubría que había otra; y al llegar a ésta, otra. Se tocó la cabeza: caliente como una sandía al sol. "Cuidado con una insolación,[18] a mi edad". Oyó el rumor de un río. Bajó para refrescarse. Tropezó en una raíz, resbaló en el barro y cayó de bruces[19] sobre un charco de la orilla. Se levantó, sucio. Zapatos, pantalones, camisa: todo hecho una miseria.[20] Aun la cara sentía embarrada.[21] ¡Qué facha[22]! ¡Qué dirían los pulcros yanquis del Valle de los Treinta cuando lo vieran regresar así! Se agachó sobre el agua. Se lavó manos y cara. Se refrescó la cabeza. Se tendió en una peña para secarse al sol.

Una abeja empezó a zumbarle por la oreja izquierda. Trató de espantarla, pero la abeja se obstinaba. Ahora se le posó en la mejilla. En eso le pareció oír el cascabel de una serpiente. Galán se hizo la estatua. Quedó inmóvil, entre el aguijón de la abeja y el colmillo de la serpiente.[23] La abeja paseó por la nariz. Después se fue. A la serpiente no la oyó más. Galán miró a uno y otro lado. Agarró una rama larga y azotó el suelo, a su alrededor.[24] "Si la serpiente estaba aquí, con estos golpes habrá dis-

[15] **exacto** correct.
[16] **no . . . salón** they aren't in the mood for fancy manners.
[17] **A una voz** Immediately.
[18] **insolación** sunstroke.
[19] **cayó de bruces** fell flat on his face.
[20] **hecho una miseria** ruined (soiled).
[21] **embarrada** smeared with mud.
[22] **¡Qué facha!** What a sight!
[23] **entre . . . serpiente** between the bee's sting and the snake's fang.
[24] **a su alrededor** around him.

parado". Por si acaso,[25] le daría tiempo para disparar más lejos. Dio otros golpes. Nada. "Bueno: la verdad es que la abeja y la serpiente no son tan malas, después de todo". Se tendió otra vez sobre la peña pelada. Mientras el sol le secaba el barro de los zapatos, los pantalones y la camisa se puso a mirar, en el fondo del río, cómo lucían los colores de las piedras: verdes, amarillas, rosadas, pardas, grises, coloradas . . . Todas redondeadas por esa larga lengua que lamía desde hacía siglos. Y vio, debajo del agua, a la sombra de un árbol, una sandía. Redonda como una piedra más. O como una cabeza. La habían colocado allí, en la corriente, para mantenerla fría. ¡Qué hermosa era! Verde, verde, verde. ¡Y lo roja que estaría por dentro![26] Color de fuego y gusto de hielo. "Fruta-oximoron[27]: fría llamarada", anotó Galán. Oyó que la hojarasca se removía. ¡Epa![28] ¿Sería la serpiente[29] ahora el cascabel con sordina[30]? ¡Ah, no! ¡Qué alivio! Era solamente un chico. Un chico de unos once años. "Igual al padre", observó. Y jugó con la impresión: "Parece un chico, pero es porque lo estoy viendo a través de unos lentes al revés[31]: en realidad es un gigante". El chico estaba disfrazado de[32] explorador, con un gran sombrero, botas de cuero, un pañuelo al cuello y en el cinto una pistola de juguete. Un Kit Carson[33] infantil y feroz que pasó al lado de Galán, sin mirarlo, pero sabiendo que estaba ahí, y se asomó al río:

— ¿Todavía está la sandía? — dijo, buscándola con los ojos.

— Sí. Todavía . . . — contestó Galán, sonriéndose — . ¿Tenías miedo de que yo me la hubiera comido?

— Oh, no. Usted no haría eso ¿no? — y, alzando la voz, gritó — : O.K. It's O.K.

Entonces del bosquecillo salieron otros dos ninõs: de seis y ocho años.

— ¡Hola! — los saludó Galán con cariño: le recordaron a sus propios hijos.

[25] **Por si acaso** Just in case.

[26] **¡Y . . . dentro!** How red it must have been inside. (Note the common use of the conditional tense to indicate conjecture.)

[27] **"Fruta-oximoron: fría llamarada"** "Oxymoron-fruit: cold flame". An oxymoron is a figure of speech in which contradicting terms are combined. Recall that Galán is a professor of literature.

[28] **¡Epa!** Oh-oh!

[29] **Sería la serpiente** It probably was the snake. (See note 26.)

[30] **con sordina** muffled.

[31] **a . . . revés** through the reverse end of a telescope.

[32] **disfrazado de** dressed up as.

[33] **Kit Carson** an early American frontiersman (1809-1868).

Los niños lo miraron, callados.

—¿No hay serpientes de cascabel por aquí? Tengan cuidado. Me pareció haber oído una.

—Por aquí, no —contestó el chico—; por el puente, dicen que sí.

—¡Tengan cuidado! No estoy seguro, pero creo que oí una serpiente de cascabel.

—Usted habla raro —dijo el chico.

—Es que no hablo bien en inglés. Mi lengua es española.

—Ah, es mexicano.

—No. Argentino. ¿Saben dónde queda la Argentina?

Con un gesto de las manos y otro de la boca el chico dijo, que no, mientras con un encogimiento de hombros[34] agregaba que tampoco le importaba saberlo.

Galán:

—La Argentina está muy lejos, muy al sur.

—¿Y en México celebran el 4 de julio, como nosotros?

—No. No sé. Supongo que no. Cada país tiene sus propias fiestas. Pero yo no soy mexicano . . .

El chico se puso a inspeccionar a Galán, de arriba abajo.

—Ah —dijo Galán riéndose—, no creas que siempre ando así, sucio. Me caí y me embarré.

—Yo tuve una vez un amigo mexicano. No era malo. Creo.

—Me alegro.

—Aunque los mexicanos . . .

—Los mexicanos ¿qué?

—Nada. Mi padre está con otros señores, allá abajo.

—Ya sé.

Ahora el chico señaló a la redonda[35] el Valle de los Treinta y dijo:

—Todo esto es nuestro.

—Ya sé.

—Dicen que México es lindo.

—Sí. Debe de ser un país muy lindo. No sé. Nunca he estado allí. Yo vengo de la Argentina, que también es un lindo país. Yo nací en un lugar muy parecido a éste.

Los niños no le sacaban la vista de encima.[36] El mayor dijo que iba a buscar una cosa y se fue.

[34] **encogimiento de hombros** shrug of his shoulders.
[35] **señaló . . . redonda** indicated with a sweep of his hand.
[36] **no . . . encima** didn't take their eyes off of him.

— ¿Me comprenden bien? — Galán siguió hablando a los niños, que lo miraban y miraban — . Porque mi inglés es muy malo ¿no? Yo nací en un lugar como éste, al pie de unas sierras, junto a un río . . .

(Kit Carson vino de atrás, despacito, con una gran piedra entre las manos alzadas, y la descargó con todas sus fuerzas sobre la cabeza de Galán. La cabeza, abierta y sangrando, cayó al río, junto a la sandía.)

Los niños sospechan que Galán era un "espía" para el enemigo— es diferente y extranjero.

EXERCISES

A. Questions

1. ¿Por qué no le gustan a Galán los fines de semana?
2. ¿Cree usted que Galán aceptó la invitación de ir al Valle de los Treinta porque tenía interés en ver ese lugar?
3. Según los niños, ¿cuál era la razón por la cual iban a perder su "paraíso"?
4. ¿Qué aspecto tenía Galán ese día?
5. ¿Qué aspecto tenían "los treinta amigos"?
6. ¿Qué accidente tuvo Galán cuando trepaba solo por la montaña?
7. ¿Qué peligros vio o se imaginó Galán esa tarde?
8. ¿Qué actitud mostraban los niños para con Galán?
9. ¿En qué sentido era Galán distinto de los muchachos?
10. ¿Qué hicieron los niños con ese hombre que hablaba "raro"?

B. Translation

Using the verbs listed in the right-hand column, translate the sentences into Spanish.

1.	a) The thirty friends got together with their lawyer at ten o'clock. b) We'll have to meet tomorrow with the dean.	**reunirse**
2.	a) Don't worry about the way you look — it doesn't matter. b) I've never worried about such things.	**preocuparse por**

3. a) Galán's colleague, the dean, has spent the summers in the mountains for years.	**veranear**
b) Why didn't you go to the beach for the summer?	
4. a) They had nothing in common — he lacked light eyes, and they lacked black mustaches.	**faltarle a uno**
b) She needs at least fifty dollars more.	
5. a) He was sure that there was a bee and a rattlesnake nearby.	**estar seguro de**
b) Are you (**Uds.**) sure they understood you?	
6. a) He tried to scare them away, but he couldn't.	**tratar de**
b) Don't attempt to start until tomorrow.	
7. a) He sat down on the bank of the river and began to examine the little stones.	**ponerse a**
b) Please don't begin worrying about that.	
8. a) After a few minutes, a little boy appeared and looked into the river.	**asomarse a**
b) If you look out the window, you'll see the girls.	
9. a) Galán told the children that he had fallen down.	**caerse**
b) Careful, don't fall!	
10. a) The children were afraid that Galán had eaten the watermelon.	**tener miedo de**
b) Luis was never afraid of anything.	

C. Drill on Expressions

From the expressions on the right, select the one which best translates the word(s) in italics.

1. No creo que vayan *anywhere.*	**por si acaso**
2. *A little while* después, volvió de las montañas.	**pensándolo bien**
3. Y *what's worse,* terminó por perder todo su dinero.	**hecho una miseria**
4. *Once* veraneé en Colorado.	**para peor**

5. Es una persona — una amiga *rather* — que me gusta mucho.
6. Mi abrigo estaba *ruined.*
7. Lo quiero terminar *at once* y volver a casa.
8. El martes es fiesta — *in other words* un día sin clases.
9. *Just in case,* toma veinte dólares más.
10. *On second thought,* no creo que dependa de ella.

una vez
más bien
un ratito
a ninguna parte
de una vez
o sea

D. "Context" Exercise (oral or written)

Express the ideas described in the following sentences in Spanish, avoiding a word-for-word translation. The purpose is to think in Spanish and create your own statement.

1. Say that there's never anything to do on Saturdays or Sundays.
2. Indicate that you hope that no one comes in shirt sleeves.
3. Explain how you stumbled on a rock and fell down.
4. Say that you are not from Mexico but from Argentina.
5. Express the idea that you hope you're not bothering anyone.

Marco Denevi

LA MARIPOSA

ARGENTINA: A Disturbing Modern-Day Fable

The Argentine writer, MARCO DENEVI, was born in 1922 in a suburb of Buenos Aires. His first novel, the prize-winning *Rosaura a las diez* (1955), astonished critics and readers alike because in the preface he confesses that "its first paragraph was my first paragraph, its first word was . . . my debut as a writer." Since 1955 Denevi has continued to write novels, short stories, sketches, and plays which have brought him prizes and many distinctions. He is surely one of Argentina's most popular, present-day authors.

Most of Denevi's work reveals a fondness for whimsy, fantasy, and underlying social satire. His criticism of the fate of modern-day man in an ever-growing mechanized society, where natural beauty and spontaneity seem to be smothered by technical, materialistic concerns, is relentless. It can be seen in the laconic parable which follows, *La mariposa*. What happens in the story is, of course, fantastic and impossible, but there is an underlying message which the reader must discover.

LA MARIPOSA

Al revés de las cigarras[1] (que por no saber hacer otra cosa que cantar se extinguieron en medio de la más atroz decadencia), las hormigas formaron desde sus orígenes una sociedad progresista. Y como el progreso, una vez puesto en marcha, no se detiene jamás, las hormigas alcanzaron un día la perfección.

Se dice que a ello contribuyó mucho el descubrimiento del vegetal sintético. Hormigas obreras (mudas, ciegas, sordas, estériles, con el cerebro convenientemente lavado) eran sometidas a adiestramientos especiales y luego encerradas en células solitarias y a oscuras: allí, regurgitando cierta cocción de larvas nonatas,[2] segregaban una sustancia que poseía el color, el sabor y todas las demás propiedades del vegetal natural, pero con la ventaja de que no había que ir a cosecharlo fuera del hormiguero. Toda una serie[3] de factores antiprogresistas quedó instantáneamente eliminada: las hormigas no dependieron de la voluble naturaleza y, en cambio, como empezaron a decir, se autoabastecían.[4]

Pero si las hormigas ya no necesitaron abandonar sus hormigueros, necesitaron ampliarlos, porque el número de la hormiga es una cifra que tiende constantemente a crecer. Los túneles y las galerías se extendieron, bajo tierra, en incesantes ramificaciones. Las cámaras se multiplicaron. Infinitos corredores encadenaban[5] infinitos almacenes. Hasta que, cruzándose, separándose y volviendo a entrecruzarse, todos los hormigueros ter-

[1] **Al . . . cigarras** Just the opposite of the locusts.
[2] **regurgitando . . . nonatas** regurgitating a certain fermenting of unborn larvae.
[3] **Toda una serie** A whole series.
[4] **se autoabastecían** they were self-sufficient, that is, produced their own food.
[5] **encadenaban** connected.

minaron por confundirse en un mismo hormiguero, llamado desde entonces el Gran Hormiguero, bajo el gobierno de una sola hormiga, apodada la Gran Hormiga. No se llegó a esos resultados sin alguna dificultad (sin alguna lucha). Pero finalmente la Gran Hormiga se impuso, unificó de derecho[6] todos los hormigueros así como[7] las sucesivas expansiones los habían unificado de hecho,[8] mandó borrar las fronteras,[9] abolió las nacionalidades, y la paz y el orden reinaron para siempre.

¿Dije que las hormigas ya no necesitaron abandonar el Gran Hormiguero? Tampoco, de haberlo querido,[10] habrían podido hacerlo. Pues la Gran Hormiga, dando muestras de sabiduría y prudencia, ordenó obturar a cal y canto las bocas de salida,[11] a fin de que nadie (ni nada, como no fuese un cataclismo tectónico,[12] el fin del mundo) viniese a turbar la paz y el orden de sus Estados. Con lo que, al cabo de dos o tres generaciones, las hormigas incurrieron en el error de lógica (por otra parte[13] inevitable) de identificar el vasto Universo con el Gran Hormiguero.

Es verdad que, en los primeros tiempos, sobrevivientes de la Vieja Guardia recordaban todavía, aunque cada vez más vagamente (porque la memoria de una hormiga es harto frágil), las épocas en que debían salir fuera a procurarse el sustento.[14] Cuando comenzaban con sus relatos, se entusiasmaban y no terminaban nunca.

—Jóvenes —decían, levantando un dedo— entonces la vida no era fácil. Había que luchar, y luchar muy duro. Pero nadie se quejaba.

Los jóvenes sabían que, después de ese introito, venía invariablemente la descripción de alguna gran hazaña, como por ejemplo el hallazgo de un escarabajo muerto, y el viaje fabuloso, rayano en el frenesí y en la locura,[15] de la cuadrilla que arrastró el gigantesco cadáver, durante todo un día, a lo largo de un camino erizado de emboscadas,[16] hasta llegar al hormiguero, a cuyas puertas todos los componentes de la cuadrilla cayeron muertos de extenuación, todos, salvo su jefe (aunque después éste, por honor,[17] se suicidó).

[6] **de derecho** by law.
[7] **así como** just as.
[8] **de hecho** actually.
[9] **mandó borrar las fronteras** ordered the borders erased.
[10] **de haberlo querido** had they wanted to.
[11] **ordenó . . . salida** ordered the mouths of the exits closed up with stone masonry.
[12] **como . . . tectónico** short of a catastrophic earthquake.
[13] **por otra parte** certainly.
[14] **procurarse el sustento** to seek food.
[15] **rayano . . . locura** bordering on frenzy and madness.
[16] **a lo largo . . . emboscadas** along a road bristling with dangers.
[17] **por honor** as a matter of honor.

Y los viejos concluían, no se sabía bien si con rencor o con nostalgia:

— Muchachos, aquello sí que era trabajar.[18]

Pero los viejos murieron, y las nuevas generaciones, que no habían abandonado jamás las dilatadas geografías[19] del Gran Hormiguero, comenzaron a referirse a aquellos relatos como a una epopeya bárbara y remota y de fondo más o menos histórico,[20] luego como a una flor de leyendas fantásticas, y por fin como a un conjunto de estúpidas supersticiones. Terminaron por hallarlas ininteligibles y dejaron de ocuparse de ellas. Nadie comprendía ya qué significaba "lluvia", "verano" o "escarabajo". Una generación más, y las olvidaron totalmente. Las hormigas ahora sólo hablaban de sistemas de lavado de cerebro, métodos de hibernación para las larvas nonatas, aplicaciones de la cibernética a la industrialización en gran escala del vegetal sintético y otros interesantes temas por el estilo. Y si continuaban empleando algunas palabras del antiguo idioma, era en un sentido puramente metafórico, como cuando decían, por ejemplo, "día", para aludir a cierto grado de intensidad de la luz artificial que alumbraba, con un claror mortecino, las bóvedas y los corredores del Gran Hormiguero.

Resumiendo: al cabo de cuatro generaciones, la sociedad de las hormigas se libró hasta de[21] la memoria del pasado, que es el factor más antiprogresista que se conoce.

Pero un día de un año de la era del Gran Hormiguero occurió un hecho insólito.

Ocurrió — nunca se sabrá cómo — que una hormiga se extravió por unas galerías hacía mucho tiempo abandonadas. Vanamente buscó el camino de regreso. Todo, a su alrededor, estaba oscuro y silencioso. Llegó a un túnel en ruinas, a cuyo extremo creyó distinguir una tenue claridad moribunda. Expoliada[22] por el terror (porque una hormiga soporta cualquier cosa, pero no soporta la soledad), avanzó sigilosamente[23] hacia esos destellos. Cuando estuvo cerca comprobó que era una boca de salida y que la claridad venía de afuera. Porque la boca de salida, increíblemente, estaba abierta. Tal vez se habrían olvidado de obturarla cuando ya[24] la fundación del Gran Hormiguero. Tal vez la lluvia, un deslizamiento de tierra, el mero tiempo, desmoronaron la clausura. No se sabe. Lo único

[18] **aquello . . . trabajar** *that* was real work.
[19] **dilatadas geografías** extended geography.
[20] **de . . . histórico** more or less historical in essence.
[21] **se . . . de** even got rid of.
[22] **Expoliada** Despoiled.
[23] **sigilosamente** stealthily.
[24] **cuando ya** at the time of.

que se sabe es que la hormiga contempló, atónita, la puerta abierta, y que luego, con el corazón palpitante, la traspuso.[25]

Se encontró fuera del Gran Hormiguero.

Dio unos pasos como sonámbula.

Miró en derredor.

Lo que vio no podría describirlo jamás. La hormiga ignoraba qué era un jardín, qué era la noche, la luna, el agua, una rosa. Pero vio el jardín, dormido bajo la hipnosis de la luna. Vio la luna, igual que una Gran Hormiga redonda y blanca, y las estrellas que marchaban por el cielo como infinitas hormigas alucinadas. Vio el manto de hierba enjoyado por el rocío. Vio una rosa, que exhalaba en la sombra, como un pebetero,[26] su denso perfume voluptuoso. Vio el camino de guijarros, la pérgola,[27] la estatua. Vio, más lejos, la espuma inmóvil del follaje, entre cuyas ondulaciones aparecían y desaparecían esmaltados peces de oro. Y oyó, sin dar crédito a sus sentidos, el canto de los grillos.

La hormiga permanecía inmóvil, en un éxtasis. Pero de pronto echó a correr. Saltaba por encima de los guijarros, se perdía entre la hierba, iba, venía, iba, venía. Estaba como loca.

—¡Dios mío, qué hermoso es todo esto!—sollozaba.

Quería ver, ver más, ver todo, palparlo, sentirlo, aspirarlo, beberlo.

Los perfumes la embriagaban. La música de la noche la sumía en un delirio más dulce que los sueños. Escuchaba el canto de los grillos y los ojos se le cuajaban de lágrimas.[28] Profundos estremecimientos la sacudían. El pecho le retumbaba. Se sentía morir.

Y repetía, siempre lo mismo:

—¡Qué hermoso, qué hermoso es todo esto!

Ahora ya no correteaba entre la hierba. Ahora daba saltos, saltos cada vez más audaces, más desmesurados. (¿Cómo, ella, tan minúscula, con sus pequeñas patas negras, podía saltar así? No lo sabía, no le preocupaba saberlo.) Se balanceaba sobre una mata de azaleas y un segundo después caía, rendida, jadeando, a los pies de la estatua.

Súbitamente se acordó de sus hermanas, y tuvo un ataque de hilaridad. Pobrecitas, viviendo allá abajo, en aquellas horribles bóvedas subterráneas, alimentándose con una fría papilla envasada.[29] Ella iría a buscarlas, les transmitiría la buena nueva, les describiría todo lo que había visto, y las hormigas saldrían fuera, abandonarían para siempre el Gran Hormiguero

[25] **la traspuso** disappeared through it.
[26] **pebetero** incense burner.
[27] **el camino . . . pérgola** the pebble road, the arbor.
[28] **los ojos . . . lágrimas** her eyes filled with tears.
[29] **papilla envasada** canned pap.

lúgubre (¿a quién se le ocurre encerrarse en un hormiguero?),[30] se quedarían a vivir bajo la Gran Hormiga redonda y blanca que apacentaba sus rebaños en la vasta llanura iluminada.

Dio un salto, un salto terrible, buscó la boca del hormiguero, no la encontraba, al fin la halló, entró dificultosamente (¿por qué dificultosamente, si antes, al salir, la puerta se le había antojado[31] monumental?), recorrió otra vez las abandonadas galerías; no veía, casi; la oscuridad era completa; el olor a tierra húmeda y a encierro le provocaba náuseas; la cabeza le daba vueltas; le faltaba el aire; ahora sí se sentía a punto de morir; desfalleciente, aturdida, lastimada, siguió caminando, siguió arrastrándose; a cada paso caía, y se levantaba, volvía a caer, y volvía a levantarse; siguió reptando, reptando, reptando, hasta que ya no pudo más. En ese momento oyó voces.

Un grupo de hormigas discutía acaloradamente sobre el último descubrimiento en materia de automatización industrial. Escucharon un ruido a sus espaldas y se volvieron. El pánico las poseyó.

Porque ahí, ahí, delante de sus ojos, había aparecido un monstruo, una criatura de pesadilla, un ser abominable. No era negro, como todas ellas, sino dorado, y de un cuerpo tan largo como cuatro hormigas juntas. Antenas descomunales se balanceaban sobre una cabeza deforme. Y (el colmo del horror[32]) cuatro membranas le brotaban del dorso, y estas membranas eran brillantes, tornasoladas, jaspeadas, amarillas con vetas azules y motas purpúreas.[33] En suma: los colores de la locura.

Las hormigas no dudaron más. Se abalanzaron sobre el monstruo y lo mataron.

EXERCISES

A. Questions

1. ¿En qué se diferencian las hormigas de las cigarras?
2. ¿Cuál es la ventaja del "vegetal sintético"?
3. ¿En qué se convirtieron las hormigueras individuales?
4. ¿Cómo consiguió la Gran Hormiga que nadie ni nada viniese a turbar la paz de sus Estados?

[30] ¿a . . . **hormiguero?** whose idea was it anyway that they should be shut up in an anthill?
[31] **se le había antojado** had seemed to her.
[32] **el colmo del horror** what was most horrible of all.
[33] **vetas . . . purpúreas** blue streaks and purple specks.

5. ¿Estaba bien que las hormigas se olvidaran de lo que significaban "lluvia" y "verano"?
6. ¿Qué hecho insólito ocurrió un día?
7. ¿En qué lugar se encontró la hormiga que se había desviado cuando salió del Gran Hormiguero?
8. ¿Cómo reaccionó la hormiga ante todo aquello?
9. ¿Era realmente un monstruo lo que vieron las hormigas dentro del Gran Hormiguero?
10. ¿Cuál es la explicación de lo que le pasó a la hormiga que salió del Gran Hormiguero?

B. Translation

Using the verbs listed in the right-hand column, translate the sentences into Spanish.

1. a) The ants completely forgot what life was like outside the Great Anthill.	**olvidarse de**
b) Don't forget to close the door.	
2. a) When the old ants described the past, the young ones didn't know what they were talking about.	**referirse a**
b) Diego is referring to what happened last night.	
3. a) The Great Ant had all the exits from the Great Anthill closed.	**mandar** + infinitive
b) Why have you (**tú**) had all these things brought here?	
4. a) The younger generations ended up not paying attention to the stories of the old ants.	**terminar por**
b) I think we'll end up by losing.	
5. a) The butterfly fell once more and couldn't continue.	**volver a**
b) Don't do that again.	
6. a) In their progressive society, the ants no longer had to depend on nature for food.	**depender de**
b) That depends on what María says.	
7. a) Ants can put up with anything but solitude.	**soportar**
b) I wouldn't stand for that if I were you.	

8. a) When the ant remembered her sisters, she laughed.	**acordarse de**
b) Do you recall that boy who used to help us?	
9. a) One day an ant got lost in the dark passages of the great Anthill.	**extraviarse**
b) I always get lost in this city.	
10. a) The ants were unaware of the beauty of the outside world.	**ignorar**
b) I didn't know his address.	

C. Drill on Expressions

From the expressions on the right, select the one which best translates the word(s) in italics.

1. Las hormigas *no longer* podían dejar el hormiguero.	**en medio de**
	a oscuras
2. Elena abrió los ojos y miró *around her.*	**cada vez más**
3. Lo leí todo, *except for* las dos últimas páginas.	**a fin de que**
	ya no
4. Se llama Hernández, o algo *like that.*	**por otra parte**
5. Pues, *for example,* podrías estudiar un poco más.	**por ejemplo**
	salvo
6. Gastamos *more and more* dinero.	**por el estilo**
7. El coche se detuvo *in the middle of* la calle.	**a su alrededor**
8. Te digo esto *so that* lo comprendas.	
9. El cuarto estaba completamente *dark.*	
10. *On the other hand,* es todavía un buen amigo.	

D. "Context" Exercise (oral or written)

Express the ideas described in the following sentences in Spanish, avoiding a word-for-word translation. The purpose is to think in Spanish and create your own statement.

1. Explain the fact that the ants achieved independence from the world outside the Great Anthill.
2. Describe how the Great Ant isolated the ant society.
3. Express the fact that the ants finally lost their concept of the past.
4. Describe the lost ant's reaction to the outside world.
5. Explain the metamorphosis of the ant.

E. Review Exercise

The following verbs from the story are cognates. Review them and see if you can give their meanings on sight: **extinguirse, contribuir, ampliar, turbar, entusiasmarse, distinguir, desaparecer.**

What meanings can you give to these adverbs: **vagamente, dificultosamente, acaloradamente?** What basic Spanish words are these adverbs based on? (Keep in mind that **-mente** expresses the English suffix *-ly*.)

Hernando Téllez

ESPUMA Y NADA MÁS

COLOMBIA: The Captain and the Barber

HERNANDO TÉLLEZ (1908-1966) first achieved success in his native Colombia as an essayist — perhaps the most distinguished of his generation. But the work that has brought him greatest international acclaim is a short story from the collection *Cenizas para el viento y otras historias* (1950). In English translation alone, *Espuma y nada más* has been widely anthologized, and its numerous translations into other languages have made it a Spanish American literary classic.

What is the appeal of this brief narrative? Murders are alluded to, yet it is not about crime. There is little action, but it is tense and suspenseful. It appears to deal with a barber, but in the end the reader understands that the stress really lies elsewhere. The tragic period of "la violencia" in Colombia, which lasted nearly two decades and is still vividly recalled by Colombians, provides the setting, but the underlying motivation is more generally Latin American. Essentially, Téllez's story offers an insight into one aspect of Latin "machismo," or exaggerated courage. It is a compelling story, whose merit speaks for itself.

ESPUMA Y NADA MÁS

No saludó al entrar. Yo estaba repasando sobre una badana[1] la mejor de mis navajas. Y cuando lo reconocí me puse a temblar. Pero él no se dio cuenta. Para disimular continué repasando la hoja. La probé luego sobre la yema del dedo gordo[2] y volví a mirarla contra la luz. En ese instante se quitaba el cinturón ribeteado de balas de donde pendía la funda de la pistola. Lo colgó de uno de los clavos del ropero y encima colocó el kepis.[3] Volvió completamente el cuerpo para hablarme y, deshaciendo el nudo de la corbata, me dijo: «Hace un calor de todos los demonios.[4] Aféiteme.» Y se sentó en la silla. Le calculé cuatro días de barba. Los cuatro días de la última excursión en busca de los nuestros. El rostro aparecía quemado curtido por el sol. Me puse a preparar minuciosamente el jabón. Corté unas rebanadas de la pasta,[5] dejándolas caer en el recipiente, mezclé un poco de aqua tibia y con la brocha empecé a revolver. Pronto subió la espuma. «Los muchachos de la tropa deben tener tanta barba como yo.» Seguí batiendo la espuma. «Pero nos fue bien, ¿sabe? Pescamos[6] a los principales. Unos vienen muertos y otros todavía viven. Pero pronto estarán todos muertos.» «¿Cuántos cogieron?» pregunté. «Catorce. Tuvimos que internarnos bastante para dar con ellos.[7] Pero ya la

[1] **badana** dressed sheepskin.
[2] **yema . . . gordo** fleshy part of the thumb.
[3] **kepis** military cap.
[4] **Hace . . . demonios** It's hot as hell.
[5] **rebanadas . . . pasta** slices from the cake (of soap).
[6] **Pescamos** We caught.
[7] **dar con ellos** catch them.

están pagando. Y no se salvará ni uno, ni uno.» Se echó para atrás en la silla al verme con la brocha en la mano, rebosante de espuma. Faltaba ponerle la sábana. Ciertamente yo estaba aturdido. Extraje del cajón una sábana y la anudé al cuello de mi cliente. El no cesaba de hablar. Suponía que yo era uno de los partidarios del orden.[8] «El pueblo habrá escarmentado[9] con lo del otro día», dijo. «Sí», repuse mientras concluía de hacer el nudo sobre la oscura nuca, olorosa a sudor. «¿Estuvo bueno, verdad?» «Muy bueno», contesté mientras regresaba a la brocha. El hombre cerró los ojos con un gesto de fatiga y esperó así la fresca caricia del jabón. Jamás lo había tenido tan cerca de mí. El día en que ordenó que el pueblo desfilara por el patio de la Escuela para ver a los cuatro rebeldes allí colgados, me crucé con él[10] un instante. Pero el espectáculo de los cuerpos mutilados me impedía fijarme en el rostro del hombre que lo dirigía todo y que ahora iba a tomar en mis manos. No era un rostro desagradable, ciertamente. Y la barba, envejeciéndolo un poco, no le caía mal.[11] Se llamaba Torres. El capitán Torres. Un hombre con imaginación, porque ¿a quién se la había ocurrido antes colgar a los rebeldes desnudos y luego ensayar sobre determinados sitios del cuerpo una mutilacíon a bala? Empecé a extender la primera capa de jabón. El seguía con los ojos cerrados. «De buena gana[12] me iría a dormir un poco», dijo, «pero esta tarde hay mucho que hacer.» Retiré la brocha y pregunté con aire falsamente desinteresado: «Fusilamiento?» «Algo por el estilo, pero más lento», respondió. «¿Todos?» «No. Unos cuantos apenas.»[13] Reanudé de nuevo la tarea de enjabonarle la barba. Otra vez me temblaban las manos. El hombre no podía darse cuenta de ello y ésa era mi ventaja. Pero yo hubiera querido que él no viniera. Probablemente muchos de los nuestros lo habrían visto entrar. Y el enemigo en la casa impone condiciones. Yo tendría que afeitar esa barba como cualquier otra, con cuidado, con esmero, como la de un buen parroquiano, cuidando de que ni por un solo poro fuese a brotar una gota de sangre.[14] Cuidando de que en los pequeños remolinos no se desviara la hoja. Cuidando de que la piel quedara limpia, templada, pulida, y de que al pasar el dorso de mi mano por ella, sintiera la superficie sin un pelo. Sí. Yo era un revolucionario clandestino, pero era también un bar-

[8] **partidario del orden** supporter of the regime.
[9] **habrá escarmentado** must have learned its lesson.
[10] **me . . . él** I ran into him.
[11] **no . . . mal** didn't look bad on him.
[12] **De buena gana** Gladly.
[13] **Unos cuantos apenas** Just a few.
[14] **cuidando . . . sangre** taking care that not a single pore gave up a drop of blood.

bero de conciencia, orgulloso de la pulcritud en su oficio. Y esa barba de cuatro días se prestaba para una buena faena.[15]

Tomé la navaja, levanté en ángulo oblicuo las dos cachas,[16] dejé libre la hoja y empecé la tarea, de una de las patillas hacia abajo. La hoja respondía a la perfección. El pelo se presentaba indócil y duro, no muy crecido, pero compacto. La piel iba apareciendo poco a poco. Sonaba la hoja con su ruido característico, y sobre ella crecían los grumos[17] de jabón mezclados con trocitos de pelo. Hice una pausa para limpiarla, tomé la badana de nuevo y me puse a asentar el acero,[18] porque yo soy un barbero que hace bien sus cosas. El hombre que había mantenido los ojos cerrados, los abrió, sacó una de las manos por encima de la sábana, se palpó la zona del rostro que empezaba a quedar libre de jabón, y me dijo: «Venga usted a las seis, esta tarde, a la Escuela.» «¿Lo mismo del otro día?» le pregunté horrorizado. «Puede que[19] resulte mejor», respondió. «¿Qué piensa usted hacer?» «No sé todavía. Pero nos divertiremos.» Otra vez se echó hacia atrás y cerró los ojos. Yo me acerqué con la navaja en alto. «¿Piensa castigarlos a todos?» aventuré tímidamente. «A todos.» El jabón se secaba sobre la cara. Debía apresurarme. Por el espejo, miré hacia la calle. Lo mismo de siempre: la tienda de víveres y en ella dos o tres compradores. Luego miré el reloj: las dos y veinte de la tarde. La navaja seguía descendiendo. Ahora de la otra patilla hacia abajo. Una barba azul, cerrada.[20] Debía dejársela crecer como algunos poetas o como algunos sacerdotes. Le quedaría bien.[21] Muchos no lo reconocerían. Y mejor para él, pensé, mientras trataba de pulir suavemente todo el sector del cuello. Porque allí sí que debía manejar con habilidad la hoja pues el pelo, aunque en agraz, se enredaba en pequeños remolinos. Una barba crespa. Los poros podían abrirse, diminutos, y soltar su perla de sangre. Un buen barbero como yo finca[22] su orgullo en que eso no ocurra a ningún cliente. Y éste era un cliente de calidad. ¿A cuántos de los nuestros había ordenado matar? ¿A cuántos había ordenado que los mutilaran? . . . Mejor no pensarlo. Torres no sabía que yo era su enemigo. No lo sabía él ni lo sabían los demás. Se trataba de[23] un secreto entre muy pocos, precisamente para que yo pudiese infor-

[15] **se prestaba . . . faena** lent itself to a good job.
[16] **levanté . . . cachas** I opened the two handles (of the knife) into a wide angle.
[17] **grumos** mounds.
[18] **asentar el acero** to sharpen the blade.
[19] **Puede que** It's possible that.
[20] **cerrada** thick.
[21] **Le quedaría bien** It would suit him well.
[22] **finca** bases.
[23] **Se trataba de** It was a matter of.

mar a los revolucionarios de lo que Torres estaba haciendo en el pueblo y de lo que proyectaba hacer cada vez que emprendía una excursión para cazar revolucionarios. Iba a ser, pues, muy difícil explicar que yo lo tuve entre mis manos y lo dejé ir tranquilamente, vivo y afeitado.

La barba le había desaparecido casi completamente. Parecía más joven, con menos años de los que llevaba a cuestas[24] cuando entró. Yo supongo que eso ocurre siempre con los hombres que entran y salen de las peluquerías. Bajo el golpe de mi navaja Torres rejuvenecía, sí, porque yo soy un buen barbero, el mejor de este pueblo, lo digo sin vanidad. Un poco más de jabón, aquí, bajo la barbilla, sobre la manzana,[25] sobre esta gran vena. ¡Qué calor! Torres debe estar sudando como yo. Pero él no tiene miedo. Es un hombre sereno que ni siquiera piensa en lo que ha de hacer esta tarde con los prisioneros. En cambio yo, con esta navaja entre las manos, puliendo y puliendo esta piel, evitando que brote sangre de estos poros, cuidando todo golpe, no puedo pensar serenamente. Maldita[26] la hora en que vino, porque yo soy un revolucionario pero no soy un asesino. Y tan fácil como resultaría matarlo. Y lo merece. ¿Lo merece? No, ¡qué diablos! Nadie merece que los demás hagan el sacrificio de convertirse en asesinos. ¿Qué se gana con ello? Pues nada. Vienen otros y otros y los primeros matan a los segundos y éstos a los terceros y siguen y siguen hasta que todo es un mar de sangre. Yo podría cortar este cuello, así ¡zas!, ¡zas! No le daría tiempo de quejarse y como tiene los ojos cerrados no vería ni el brillo de la navaja ni el brillo de mis ojos. Pero estoy temblando como un verdadero asesino. De ese cuello brotaría un chorro de sangre sobre la sábana, sobre la silla, sobre mis manos, sobre el suelo. Tendría que cerrar la puerta. Y la sangre seguiría corriendo por el piso, tibia, imborrable, incontenible, hasta la calle, como un pequeño arroyo escarlata. Estoy seguro de que un golpe fuerte, una honda incisión, le evitaría todo dolor. No sufriría. ¿Y qué hacer con el cuerpo? ¿Dónde ocultarlo? Yo tendría que huir, dejar estas cosas, refugiarme lejos, bien lejos. Pero me perseguirían hasta dar conmigo. «El asesino del Capitán Torres. Lo degolló mientras le afeitaba la barba. Una cobardía.» Y por otro lado: «El vengador de los nuestros. Un nombre para recordar (aquí mi nombre). Era el barbero del pueblo. Nadie sabía que él defendía nuestra causa . . .» ¿Y qué? ¿Asesino o héroe? Del filo de esta navaja depende mi destino. Puedo inclinar un poco más la mano, apoyar un poco más la hoja, y hundirla. La piel cederá como

[24] **llevaba a cuestas** was bearing (was burdened by)
[25] **manzana** Adam's apple.
[26] **Maldita** Damn.

la seda, como el caucho, como la badana. No hay nada más tierno que la piel del hombre y la sangre siempre está ahí, lista a brotar. Una navaja como ésta no traiciona. Es la mejor de mis navajas. Pero yo no quiero ser un asesino, no señor. Usted vino para que yo lo afeitara. Y yo cumplo honradamente con mi trabajo. . . . No quiero mancharme de sangre. De espuma y nada más. Usted es un verdugo[27] y yo no soy más que un barbero. Y cada cual en su puesto. Eso es. Cada cual en su puesto.

La barba había quedado limpia, pulida y templada. El hombre se incorporó para mirarse en el espejo. Se pasó las manos por la piel y la sintió fresca y nuevecita.

«Gracias», dijo. Se dirigió al ropero en busca del cinturón, de la pistola y del kepis. Yo debía estar muy pálido y sentía la camisa empapada. Torres concluyó de ajustar la hebilla, rectificó la posición de la pistola en la funda y, luego de alisarse maquinalmente los cabellos, se puso el kepis. Del bolsillo del pantalón extrajo unas monedas para pagarme el importe del servicio. Y empezó a caminar hacia la puerta. En el umbral se detuvo un segundo y volviéndose me dijo:

«Me habían dicho que usted me mataría. Vine para comprobarlo. Pero matar no es fácil. Yo sé por qué lo digo.» Y siguió calle abajo.

EXERCISES

A. Questions

1. ¿Quién narra esta historia?
2. ¿Qué relación existe entre el narrador y el capitán Torres?
3. ¿Qué papel secreto tiene el narrador en el pueblo?
4. Según el capitán Torres, ¿a quién iban a fusilar a las seis de la tarde en la Escuela?
5. Según el barbero, ¿sabe Torres que él es su enemigo?
6. ¿Qué razones se da el barbero para no matar a Torres?
7. ¿Cree Ud. que el barbero es un cobarde? ¿Por qué?
8. ¿Cuál es la sorpresa final de este cuento?
9. ¿Admira Ud. más al barbero o al capitán Torres al final del cuento? ¿Por qué?

[27] **verdugo** executioner.

B. Translation

Using the verbs listed in the right-hand column, translate the sentences into Spanish.

1. a) Torres didn't realize that the barber was trembling. — **darse cuenta de**
   b) Some day you'll realize that I was right.
2. a) Although it made him look a little older, the beard didn't look bad on Torres. — **no caerle mal a uno**
   b) That suit doesn't look bad on you.
3. a) The barber took care not to cut his customer while shaving him. — **cuidar de**
   b) I hope you'll be careful to ask permission first.
4. a) He approached the captain with his razor. — **acercarse a**
   b) Don't get **(Uds.)** too close to the animals.
5. a) He knew that if he killed the captain they would surely catch him. — **dar con**
   b) I ran across her near her house.
6. a) It was a matter of being able to murder or not. — **tratarse de**
   b) What is that all about?
7. a) Torres sat up in the chair and looked at himself in the mirror. — **incorporarse**
   b) If you sit up, you'll feel better.
8. a) The beard looked good on him. — **quedarle bien a uno**
   b) Do you think this shirt looks good on me?
9. a) Torres got up and went to the door. — **dirigirse a**
   b) When I arrive in town, I'll head for the barbershop.
10. a) He put on his military cap before leaving the barber shop. — **ponerse**
    b) Put on **(tú)** your hat when you go out into the sun.

C. Drill on Expressions

From the expressions on the right, select the one which best translates the word(s) in italics.

1. Te espero aquí *while* entras.
2. *On the other hand,* ninguno de ellos puede hablar inglés.
3. Es *to be sure* una persona muy generosa.
4. Marco iba *down the street* cuando lo vi.
5. Ella *not even* ha empezado a comprender.
6. El camino seguía por lo menos una milla *downward*.
7. Se fueron *in search of* oro.
8. Ahora me comería un caballo *gladly*.
9. Susana siempre preparaba sus lecciones *with painstaking care*.
10. *After* terminar la comida, lavaron los platos.

en busca de
de buena gana
ni siquiera
con esmero
por otro lado
luego de
calle abajo
mientras
ciertamente
hacia abajo

D. "Context" Exercise (oral or written)

Express the ideas described in the following sentences in Spanish, avoiding a word-for-word translation. The purpose is to think in Spanish and create your own statement.

1. Indicate that you think Raquel's new dress looks very good on her.
2. Say that you are a barber and that you want only lather on your hands, not blood.
3. How would you indicate that you are afraid that Captain Torres knows you are a revolutionary?
4. Say that you didn't realize it was already ten o'clock.
5. Tell someone that you doubt that he understands that it is not easy to kill.

Juan Rulfo

¡DILES QUE NO ME MATEN!

MEXICO: A Tale of Two Sons

JUAN RULFO (1918-   ) enjoys one of the most solid literary reputations in Mexico today, despite the very limited amount of work he has published. All we have to judge him by is his collection of short stories, *El llano en llamas* (1953), and his masterpiece, the novel *Pedro Páramo* (1955). These two books, which have been translated into many languages, show him to be a sensitive interpreter of rural Mexican existence. In his terse prose narratives, he eloquently communicates a stark, poetic vision of his country.

¡Diles que no me maten!, like several other stories of *El llano en llamas,* deals with a conflictive father-son relationship. Rulfo seems obsessed with this sort of confrontation (his own family roots were severed at an early age). In this story the attitude of Justino, the condemned man's son, is curiously ambiguous. There is yet another tension developed in the character of the coronel who has sentenced Juvencio to death in retaliation for the murder of his own father years earlier. The emotional impact of the story is further intensified by the irreversibility of Juvencio's fate. It is, in short, a haunting account of a violent episode of Mexico's revolutionary period.

¡DILES QUE NO ME MATEN!

—¡Diles que no me maten, Justino! Anda, vete a decirles eso. Que por caridad.[1] Así diles. Diles que lo hagan por caridad.

—No puedo. Hay allí un sargento que no quiere oír hablar nada de ti.

—Haz que te oiga. Date tus mañas[2] y dile que para sustos ya ha estado bueno.[3] Dile que lo haga por caridad de Dios.

—No se trata de sustos. Parece que te van a matar de a de veras.[4] Y yo ya no quiero volver allá.

—Anda otra vez. Solamente otra vez, a ver qué consigues.

—No. No tengo ganas de ir. Según eso,[5] yo soy tu hijo. Y, si voy mucho con ellos, acabarán por saber quién soy y les dará por afusilarme[6] a mí también. Es mejor dejar las cosas de este tamaño.

—Anda, Justino. Diles que tengan tantita lástima de mí. Nomás eso diles.

Justino apretó los dientes y movió la cabeza diciendo:

—No.

Y siguió sacudiendo la cabeza durante mucho rato.

—Dile al sargento que te deje ver al coronel. Y cuéntale lo viejo que estoy. Lo poco que valgo. ¿Qué ganancia sacará con matarme? Ninguna

[1] **Que por caridad** For mercy's sake.
[2] **Date tus mañas** Do your best.
[3] **para . . . bueno** as scares go, it was a good one.
[4] **de . . . veras** for real.
[5] **Según eso** Y'know.
[6] **les . . . afusilarme** they'll get the idea of shooting me.

Juvencio ha perdido mucho — el dinero, el respecto de su hijo Justino, y su esposa

ganancia. Al fin y al cabo él debe de tener un alma. Dile que lo haga por la bendita salvación de su alma.

Justino se levantó de la pila de piedras en que estaba sentado y caminó hasta la puerta del corral. Luego se dio vuelta para decir:

—Voy, pues. Pero si de perdida me afusilan a mí también, ¿quién cuidará de mi mujer y de los hijos?

—La Providencia, Justino. Ella se encargará de ellos. Ocúpate de ir allá y ver qué cosas haces por mí. Eso es lo que urge.

Lo habían traído de madrugada. Y ahora era ya entrada la mañana y él seguía todavía allí, amarrado a un horcón,[7] esperando. No se podía estar quieto. Había hecho el intento de dormir un rato para apaciguarse, pero el sueño se le había ido.[8] También se le había ido el hambre. No tenía ganas de nada. Sólo de vivir. Ahora que sabía bien a bien que lo iban a matar, le habían entrado unas ganas tan grandes de vivir como sólo las puede sentir un recién resucitado.[9]

Quién le iba a decir que volvería aquel asunto tan viejo, tan rancio, tan enterrado como creía que estaba.[10] Aquel asunto de cuando tuvo que matar a don Lupe. No nada más por nomás,[11] como quisieron hacerle ver los de Alima, sino porque tuvo sus razones. Él se acordaba:

Don Lupe Terreros, el dueño de la Puerta de Piedra, por más señas su compadre.[12] Al que él, Juvencio Nava, tuvo que matar por eso; por ser el dueño de la Puerta de Piedra y que, siendo también su compadre, le negó el pasto para sus animales.

Primero se aguantó por puro compromiso.[13] Pero después, cuando la sequía,[14] en que vio cómo se le morían uno tras otro sus animales hostigados por el hambre y que su compadre don Lupe seguía negándole la yerba de sus potreros, entonces fue cuando se puso a romper la cerca y a arrear la bola de animales flacos hasta las paraneras para que se hartaran de comer. Y eso no le había gustado a don Lupe, que mandó tapar otra vez la cerca, para que él, Juvencio Nava, le volviera a abrir otra vez el agujero. Así, de día se tapaba el agujero y de noche se volvía a abrir, mientras el

[7] **amarrado a un horcón** tied to a post.
[8] **se . . . ido** had eluded him.
[9] **un recién resucitado** a man just brought back to life.
[10] **Quién . . . estaba** Who would have thought that such an old matter would come up again, so old and stale, so forgotten as he thought it was.
[11] **No . . . nomás** Not just for no good reason.
[12] **por . . . compadre** to be exact, his godfather.
[13] **por puro compromiso** because of his sense of what was right.
[14] **cuando la sequía** at the time of the drought.

ganado estaba allí, siempre pegado a la cerca, siempre esperando; aquel ganado suyo que antes nomás se vivía oliendo el pasto sin poder probarlo.

Y él y don Lupe alegaban y volvían a alegar[15] sin llegar a ponerse de acuerdo.

Hasta que una vez don Lupe le dijo:

— Mira, Juvencio, otro animal más que metas al potrero y te lo mato.

Y él le contestó:

— Mire, don Lupe, yo no tengo la culpa de que los animales busquen su acomodo. Ellos son inocentes. Ahí se lo haiga si me los mata.[16]

"Y me mató un novillo.

"Esto pasó hace treinta y cinco años, por marzo, porque ya en abril andaba yo en el monte, corriendo del exhorto. No me valieron ni las diez vacas que le di al juez,[17] ni el embargo de mi casa para pagarle la salida de la cárcel. Todavía después se pagaron con lo que quedaba nomás por no perseguirme, aunque de todos modos me perseguían. Por eso me vine a vivir junto con mi hijo a este otro terrenito que yo tenía y que se nombra Palo de Venado. Y mi hijo creció y se casó con la nuera Ignacia y tuvo ya ocho hijos. Así que la cosa ya va para viejo,[18] y según eso debería estar olvidada. Pero, según eso, no lo está.

"Yo entonces calculé que con unos cien pesos quedaba arreglado todo. El difunto don Lupe era solo, solamente con su mujer y los dos muchachitos todavía de a gatas.[19] Y la viuda pronto murió también dizque de pena.[20] Y a los muchachitos se los llevaron lejos, donde unos parientes.[21] Así que, por parte de ellos, no había que tener miedo.

"Pero los demás se atuvieron a que yo andaba exhortado y enjuiciado para asustarme y seguir robándome. Cada que[22] llegaba alguien al pueblo me avisaban:

— "Por ahí andan unos fuereños,[23] Juvencio.

"Y yo echaba pal monte,[24] entreverándome entre los madroños y pasándome los días comiendo sólo verdolagas. A veces tenía que salir a la

[15] **alegaban . . . alegar** argued over and over again.
[16] **Ahí . . . mata** You'll answer to it if you kill them on me.
[17] **No . . . juez** Not even the ten cows I gave to the judge did me any good.
[18] **va para viejo** is ancient history.
[19] **de a gatas** in diapers (*lit.,* crawling on all fours).
[20] **dizque de pena** from sadness, so they say.
[21] **donde unos parientes** to the home of some relatives.
[22] **cada que** every time that.
[23] **Por . . . fuereños** There are some strangers in town.
[24] **yo . . . monte** I lit out for the woods.

medianoche, como si me fueran correteando los perros. Eso duró toda la vida. No fue un año ni dos. Fue toda la vida."

Y ahora habían ido por él, cuando no esperaba ya a nadie, confiado en el olvido en que lo tenía la gente; creyendo que al menos sus últimos días los pasaría tranquilo. "Al menos esto — pensó — conseguiré con estar viejo. Me dejarán en paz."

Se había dado a esta esperanza por entero. Por eso era que le costaba trabajo imaginar morir así, de repente, a estas alturas de su vida, después de tanto pelear para librarse de la muerte; de haberse pasado su mejor tiempo tirando de un lado para otro arrastrado por los sobresaltos y cuando su cuerpo había acabado por ser un puro pellejo correoso curtido por los malos días en que tuvo que andar escondiéndose de todos.

Por si acaso, ¿no había dejado hasta que se le fuera su mujer?[25] Aquel día en que amaneció con la nueva de que su mujer se le había ido, ni siquiera le pasó por la cabeza la intención de salir a buscarla. Dejó que se fuera sin indagar para nada ni con quién ni para dónde, con tal de no bajar al pueblo. Dejó que se fuera como se le había ido todo lo demás, sin meter las manos. Ya lo único que le quedaba para cuidar era la vida, y ésta la conservaría a como diera lugar.[26] No podía dejar que lo mataran. No podía. Mucho menos ahora.

Pero para eso lo habían traído de allá, de Palo de Venado. No necesitaron amarrarlo para que los siguiera. Él anduvo solo, únicamente maniatado por el miedo.[27] Ellos se dieron cuenta de que no podía correr con aquel cuerpo viejo, con aquellas piernas flacas como sicuas secas, acalambradas por el miedo de morir. Porque a eso iba. A morir. Se lo dijeron.

Desde entonces lo supo. Comenzó a sentir esa comezón en el estómago, que le llegaba de pronto siempre que veía de cerca la muerte y que le sacaba el ansia por los ojos, y que le hinchaba la boca con aquellos buches de agua agria que tenía que tragarse sin querer. Y esa cosa que le hacía los pies pesados mientras su cabeza se le ablandaba y el corazón le pegaba con todas sus fuerzas en las costillas. No, no podía acostumbrarse a la idea de que lo mataran.

Tenía que haber alguna esperanza. En algún lugar podría aún quedar alguna esperanza. Tal vez ellos se hubieran equivocado. Quizá buscaban a otro Juvencio Nava y no al Juvencio Nava que era él.

Caminó entre aquellos hombres en silencio, con los brazos caídos. La

[25] **¿no . . . mujer?** hadn't he even let his wife leave him?
[26] **a . . . lugar** in whatever way possible.
[27] **únicamente . . . miedo** handcuffed only by fear.

madrugada era oscura, sin estrellas. El viento soplaba despacio, se llevaba la tierra seca y traía más, llena de ese olor como de orines que tiene el polvo de los caminos.

Sus ojos, que se habían apeñuscado[28] con los años, venían viendo la tierra, aquí, debajo de sus pies, a pesar de la oscuridad. Allí en la tierra estaba toda su vida. Sesenta años de vivir sobre de ella, de encerrarla entre sus manos, de haberla probado como se prueba el sabor de la carne. Se vino largo rato desmenuzándola con los ojos, saboreando cada pedazo como si fuera el último, sabiendo casi que sería el último.

Luego, como queriendo decir algo, miraba a los hombres que iban junto a él. Iba a decirles que lo soltaran, que lo dejaran que se fuera: "Yo no le he hecho daño a nadie, muchachos", iba a decirles, pero se quedaba callado. "Más adelantito se los diré", pensaba. Y sólo los veía. Podía hasta imaginar que eran sus amigos; pero no quería hacerlo. No lo eran. No sabía quiénes eran. Los veía a su lado ladeándose y agachándose de vez en cuando para ver por dónde seguía el camino.

Los había visto por primera vez al pardear de la tarde, en esa hora desteñida en que todo parece chamuscado. Habían atravesado los surcos pisando la milpa tierna. Y él había bajado a eso: a decirles que allí estaba comenzando a crecer la milpa.[29] Pero ellos no se detuvieron.

Los había visto con tiempo. Siempre tuvo la suerte de ver con tiempo todo. Pudo haberse escondido, caminar unas cuantas horas por el cerro mientras ellos se iban y después volver a bajar. Al fin y al cabo la milpa no se lograría[30] de ningún modo. Ya era tiempo de que hubieran venido las aguas y las aguas no aparecían y la milpa comenzaba a marchitarse. No tardaría en estar seca del todo.

Así que ni valía la pena de haber bajado; haberse metido entre aquellos hombres como en un agujero, para ya no volver a salir.

Y ahora seguía junto a ellos, aguantándose las ganas de decirles que lo soltaran. No les veía la cara; sólo veía los bultos que se repegaban o se separaban de él. De manera que cuando se puso a hablar, no supo si lo habían oído. Dijo:

—Yo nunca le he hecho daño a nadie—eso dijo. Pero nada cambió. Ninguno de los bultos pareció darse cuenta. Las caras no se volvieron a verlo. Siguieron igual, como si hubieran venido dormidos.

Entonces pensó que no tenía nada más que decir, que tendría que buscar

[28] **que . . . apeñuscado** that had grown squinty.
[29] **milpa** corn field.
[30] **no se lograría** wouldn't grow (wouldn't be successful).

la esperanza en algún otro lado. Dejó caer otra vez los brazos y entró en las primeras casas del pueblo en medio de aquellos cuatro hombres oscurecidos por el color negro de la noche.

—Mi coronel, aquí está el hombre.

Se habían detenido delante del boquete[31] de la puerta. Él, con el sombrero en la mano, por respeto, esperando ver salir a alguien. Pero sólo salió la voz:

—¿Cuál hombre? —preguntaron.

—El de Palo de Venado, mi coronel. El que usted nos mandó a traer.

—Pregúntale que si ha vivido alguna vez en Alima —volvió a decir la voz de allá adentro.

—¡Ey, tú! ¿Que si has habitado en Alima? —repitió la pregunta el sargento que estaba frente a él.

—Sí. Dile al coronel que de allá mismo soy. Y que allí he vivido hasta hace poco.

—Pregúntale que si conoció a Guadalupe Terreros.

—Que dizque si conociste a Guadalupe Terreros.

—¿A don Lupe? Sí. Dile que sí lo conocí. Ya murió.

Entonces la voz de allá adentro cambió de tono:

—Ya sé que murió —dijo. Y siguió hablando como si platicara con alguien allá, al otro lado de la pared de carrizos.

—Guadalupe Terreros era mi padre. Cuando crecí y lo busqué me dijeron que estaba muerto. Es algo difícil crecer sabiendo que la cosa de donde podemos agarrarnos para enraizar está muerta. Con nosotros, eso pasó.

"Luego supe que lo habían matado a machetazos, clavándole después una pica de buey en la estómago. Me contaron que duró más de dos días perdido y que, cuando lo encontraron, tirado en un arroyo, todavía estaba agonizando y pidiendo el encargo de que le cuidaran a su familia.

"Esto, con el tiempo, parece olvidarse. Uno trata de olvidarlo. Lo que no se olvida es llegar a saber que el que hizo aquello está aún vivo, alimentando su alma podrida con la ilusión de la vida eterna. No podría perdonar a ése, aunque no lo conozco; pero el hecho de que se haya puesto en el lugar donde yo sé que está, me da ánimos para acabar con él. No puedo perdonarle que siga viviendo. No debía haber nacido nunca."

Desde acá, desde afuera, se oyó bien claro cuanto dijo. Después ordenó:

—¡Llévenselo y amárrenlo un rato, para que padezca, y luego fusílenlo!

[31] **boquete** narrow opening.

— ¡Mírame, coronel! — pidió él — . Ya no valgo nada. No tardaré en morirme solito, derrengado de viejo.[32] ¡No me mates . . . !

— Llévenselo! — volvió a decir la voz de adentro.

— . . . Ya he pagado, coronel. He pagado muchas veces. Todo me lo quitaron. Me castigaron de muchos modos. Me he pasado cosa de cuarenta años escondido como un apestado, siempre con el pálpito de que en cualquier rato me matarían. No merezco morir así, coronel. Déjame que, al menos, el Señor me perdone. ¡No me mates! ¡Diles que no me maten!

Estaba allí, como si lo hubieran golpeado, sacudiendo su sombrero contra la tierra. Gritando.

En seguida la voz de allá adentro dijo:

— Amárrenlo y denle algo de beber hasta que se emborrache para que no le duelan los tiros.

Ahora, por fin, se había apaciguado. Estaba allí arrinconado al pie del horcón. Había venido su hijo Justino y su hijo Justino se había ido y había vuelto y ahora otra vez venía.

Lo echó encima del burro. Lo apretaló bien apretado[33] al aparejo para que no se fuese a caer por el camino. Le metió su cabeza dentro de un costal para que no diera mala impresión. Y luego le hizo pelos[34] al burro y se fueron, arrebiatados,[35] de prisa, para llegar a Palo de Venado todavía con tiempo para arreglar el velorio del difunto.

— Tu nuera y los nietos te extrañarán — iba diciéndole — . Te mirarán a la cara y creerán que no eres tú. Se les afigurará[36] que te ha comido el coyote, cuando te vean con esa cara tan llena de boquetes por tanto tiro de gracia como te dieron.

EXERCISES

A. Questions

1. ¿Por qué no quiere Justino pedir que no le maten a su padre?
2. ¿Qué crimen había cometido el viejo Juvencio?
3. ¿Cuál fue el motivo de ese crimen?

[32] **derrengado de viejo** crippled by old age.
[33] **Lo . . . apretado** He tied him down good and tight.
[34] **le hizo pelos** he whipped.
[35] **arrebiatados** resolutely.
[36] **Se les afigurará** They'll probably figure.

4. ¿Cómo había podido Juvencio salir de la cárcel?
5. ¿Cómo vivió después?
6. ¿Cuántos años había durado la persecución?
7. ¿Por qué no salió Juvencio a buscar a su mujer cuando se le fue?
8. ¿Por qué no tenían que amarrar a Juvencio para traerlo hasta donde estaba el coronel?
9. ¿Cómo murió Guadalupe Terreros?
10. ¿En qué manera era diferente la muerte de Juvencio Nava?

B. Translation

Using the verbs listed in the right-hand column, translate the sentences into Spanish.

1. a) Justino didn't feel like asking the colonel not to kill his father. — **tener ganas de**
   b) No one will feel like doing anything tomorrow.
2. a) He was afraid they would end up killing him also. — **acabar por**
   b) She will probably end up giving him what he wants.
3. a) Be quiet, Juvencio! — **estarse quieto**
   b) You haven't been still all day.
4. a) Juvencio and don Lupe hadn't come to an agreement. — **ponerse de acuerdo**
   b) She and I had never been in agreement.
5. a) Justino married Ignacia and they had eight children. — **casarse con**
   b) Please don't marry a person you don't know.
6. a) Juvencio thought that they would finally leave him alone. — **dejar en paz**
   b) Leave me alone (**Uds.**); I don't want to see anyone.
7. a) Juvencio wanted to tell the men that he hadn't harmed anyone. — **hacer daño**
   b) You have hurt your mother very much.
8. a) Juvencio explained to don Lupe that it wasn't his fault that the animals were hungry. — **tener la culpa de**
   b) They aren't at fault for the accident.

9. a) The colonel couldn't let his father's murderer keep on living.	**seguir + *gerund***
b) If you keep studying, you'll finish before I do.	
10. a) It was hard for Juvencio to believe that he was going to die.	**costarle trabajo a uno**
b) We find it hard to finish in only one day.	

C. Drill on Expressions

From the expressions on the right, select the one which best translates the word(s) in italics.

1. *From time to time,* nos encontrábamos con las muchachas en el centro.	**al fin y al cabo**
2. *Finally,* he aprendido esa última lección.	**por más señas**
3. El coche fue dejado *in front of* nuestra casa.	**de todos modos**
4. Se me ha olvidado su nombre *completely.*	**según**
5. *When all is said and done,* los amigos valen más que el dinero.	**sin querer**
6. *According to* Pablo, Marta tiene por lo menos veinte y tres años.	**a pesar de**
7. *Anyway,* no trates de verla mañana.	**de vez en cuando**
8. Lo hice, pero *unwillingly.*	**por fin**
9. Sí, es francesa, de París *to be exact.*	**frente a**
10. Fuimos a la playa *in spite of* la lluvia.	**por entero**

D. "Context" Exercise (oral or written)

Express the ideas described in the following sentences in Spanish, avoiding a word-for-word translation. The purpose is to think in Spanish and create your own statement.

1. Ask several friends to tell María not to wait for you.
2. Tell someone not to deny you water for your animals.
3. Explain that it is not your fault that the old man died.
4. Say that you harmed your son, but unintentionally.
5. Ask someone why he doesn't leave you alone.

E. Review Exercise

The following verbs and expressions from *¡Diles que no me maten!* figured in previous readings. Compose questions with them (use verbs in conjugated form); then answer the questions.

ponerse a, mandar + infinitive, volver a, acabar por, darse cuenta de, por si acaso, al menos

What is the effect produced by the diminutive ending (**-ito**) on each of the following words taken from *¡Diles que no me maten!*?

tantita, terrenito, muchachitos, solito, adelantito

Julio Cortázar

CASA TOMADA

ARGENTINA: The Thing in the Back of the House

JULIO CORTÁZAR (1914-   ) was born in Belgium, but spent most of his early years in Argentina. He taught literature in the Argentine provinces until 1945, then went to live in Buenos Aires. After some six years there, he decided to make a new start and left for Paris. He has lived in France throughout his self-imposed exile, making a living as a writer and translator. He has read widely in American, English, and French literature, and is among the most cosmopolitan of today's Spanish American writers. There are relatively few Spanish American literary influences discernible in his work. But of undeniable importance in the formation of his artistic sensibility are the writings of his Argentine compatriot, Jorge Luis Borges (1899-   ), who was responsible for the publication of Cortázar's first short story, *Casa tomada,* in 1947.

Casa tomada is a strange account of a mysterious presence that dislodges a brother and sister from their Buenos Aires home. The ambiguity of the story must have greatly pleased Borges, whose own narratives propose uncommon and ambiguous versions of reality. We have every reason to think that the two characters in Cortázar's story are living futile, pointless lives. Is this the reason that they are evicted from their own house, or are there other factors involved? The reader is free to choose his or her own interpretation since Cortázar offers none. The style of the story is loose and conversational in tone. The content, however, is quite something else.

CASA TOMADA

Nos gustaba la casa porque aparte de espaciosa y antigua (hoy que las casas antiguas sucumben a la más ventajosa liquidación[1] de sus materiales) guardaba los recuerdos de nuestros bisabuelos, el abuelo paterno, nuestros padres y toda la infancia.

Nos habituamos[2] Irene y yo a persistir solos en ella, lo que era una locura pues en esa casa podían vivir ocho personas sin estorbarse.[3] Hacíamos la limpieza por la mañana, levantándonos a las siete, y a eso de[4] las once yo le dejaba a Irene las últimas habitaciones por repasar y me iba a la cocina. Almorzábamos a mediodía, siempre puntuales; ya no quedaba nada por hacer fuera de unos pocos platos sucios. Nos resultaba grato almorzar pensando en la casa profunda y silenciosa y cómo nos bastábamos[5] para mantenerla limpia. A veces llegamos a creer que era ella la que no nos dejó casarnos. Irene rechazó dos pretendientes sin mayor motivo,[6] a mí se me murió María Esther antes que llegáramos a comprometernos. Entramos en los cuarenta años con la inexpresada idea de que el nuestro, simple y silencioso matrimonio de hermanos, era necesaria clausura de la genealogía asentada por los bisabuelos[7] en nuestra casa. Nos

[1] **liquidación** sale.
[2] **Nos habituamos** We became accustomed.
[3] **sin estorbarse** without getting in each other's way.
[4] **a eso de** at about.
[5] **cómo nos bastábamos** how the two of us were sufficient.
[6] **sin mayor motivo** for no particular reason.
[7] **era . . . bisabuelos** was the necessary closing of the genealogy established by the great grandparents.

moriríamos allí algún día, vagos y esquivos[8] primos se quedarían con la casa y la echarían al suelo para enriquecerse con el terreno y los ladrillos; o mejor, nosotros mismos la voltearíamos[9] justicieramente antes de que fuese demasiado tarde.

Irene era una chica nacida para no molestar a nadie. Aparte de su actividad matinal se pasaba el resto del día tejiendo en el sofá de su dormitorio. No sé por qué tejía tanto, yo creo que las mujeres tejen cuando han encontrado en esa labor el gran pretexto para no hacer nada. Irene no era así, tejía cosas siempre necesarias, tricotas[10] para el invierno, medias para mí, mañanitas[11] y chalecos para ella. A veces tejía un chaleco y después lo destejía en un momento porque algo no le agradaba; era gracioso ver en la canastilla el montón de lana encrespada resistiéndose a perder su forma de algunas horas. Los sábados iba yo al centro a comprarle lana; Irene tenía fe en mi gusto, se complacía[12] con los colores y nunca tuve que devolver madejas. Yo aprovechaba esas salidas para dar una vuelta por las librerías y preguntar vanamente si había novedades en literatura francesa. Desde 1939 no llegaba nada valioso a la Argentina.

Pero es de la casa que me interesa hablar, de la casa y de Irene, porque yo no tengo importancia. Me pregunto qué hubiera hecho Irene sin el tejido. Uno puede releer un libro, pero cuando un pulóver está terminado no se puede repetirlo sin escándalo.[13] Un día encontré el cajón de abajo de la cómoda de alcanfor lleno de pañoletas[14] blancas, verdes, lila. Estaban con naftalina,[15] apiladas como en una mercería;[16] no tuve valor de preguntarle a Irene qué pensaba hacer con ellas. No necesitábamos ganarnos la vida, todos los meses llegaba la plata[17] de los campos y el dinero aumentaba. Pero a Irene solamente la entretenía el tejido, mostraba una destreza maravillosa y a mí se me iban las horas viéndole las manos como erizos plateados[18], agujas yendo y viniendo y una o dos canastillas en el suelo donde se agitaban constantemente los ovillos.[19] Era hermoso.

Cómo no acordarme de la distribución de la casa. El comedor, una sala

[8] **esquivos** disdainful.
[9] **la voltearíamos** we would demolish it.
[10] **tricotas** sweaters.
[11] **mañanitas** bed jackets.
[12] **se complacía** she would take pleasure.
[13] **sin escándalo** without making people wonder.
[14] **pañoletas** woman's triangular shawls.
[15] **naftalina** naphthalene — used in moth repellents.
[16] **mercería** dry-goods store.
[17] **la plata** income.
[18] **erizos plateados** silvered sea urchins (spiny crustaceans).
[19] **ovillos** balls of wool.

con gobelinos,[20] la biblioteca y tres dormitorios grandes quedaban en la parte más retirada,[21] la que mira hacia Rodríguez Peña.[22] Solamente un pasillo con su maciza puerta de roble aislaba esa parte del ala delantera donde había un baño, la cocina, nuestros dormitorios y el living central, al cual comunicaban los dormitorios y el pasillo. Se entraba a la casa por un zaguán con mayólica,[23] y la puerta cancel[24] daba al living. De manera que uno entraba por el zaguán, abría la cancel y pasaba al living; tenía a los lados las puertas de nuestros dormitorios, y al frente el pasillo que conducía a la parte más retirada; avanzando por el pasillo se franqueaba[25] la puerta de roble y más allá empezaba el otro lado de la casa, o bien se podía girar a la izquierda justamente antes de la puerta y seguir por un pasillo más estrecho que llevaba a la cocina y al baño. Cuando la puerta estaba abierta advertía uno que la casa era muy grande; si no, daba la impresión de un departamento[26] de los que se edifican ahora, apenas para moverse; Irene y yo vivíamos siempre en esta parte de la casa, casi nunca íbamos más allá de la puerta de roble, salvo para hacer la limpieza, pues es increíble cómo se junta tierra[27] en los muebles. Buenos Aires será una ciudad limpia, pero eso lo debe a sus habitantes y no a otra cosa. Hay demasiada tierra en el aire, apenas sopla una ráfaga se palpa el polvo en los mármoles de las consolas y entre los rombos de las carpetas de macramé;[28] da trabajo sacarlo bien con plumero, vuela y se suspende en el aire, un momento después se deposita de nuevo en los muebles y los pianos.

Lo recordaré siempre con claridad porque fue simple y sin circunstancias inútiles. Irene estaba tejiendo en su dormitorio, eran las ocho de la noche y de repente se me ocurrió poner al fuego la pavita del mate.[29] Fui por el pasillo hasta enfrentar la entornada puerta de roble, y daba la vuelta al codo que llevaba a la cocina cuando escuché algo en el comedor o la biblioteca. El sonido venía impreciso y sordo, como un volcarse de silla sobre la alfombra o un ahogado susurro de conversación. También lo oí, al

[20] **gobelinos** hand-woven wall tapestries.
[21] **retirada** remote.
[22] **Rodríguez Peña** a quiet street not far from downtown Buenos Aires.
[23] **un . . . mayólica** an entrance hallway with plaster wall decorations.
[24] **puerta cancel** an inner door usually located at the end of the corridor leading into a house from the street entrance.
[25] **se franqueaba** one passed through.
[26] **departamento** apartment.
[27] **cómo . . . tierra** how dust accumulates.
[28] **los rombos . . . macramé** the diamonds of the macramé table covers.
[29] **la . . . mate** the kettle to heat water for maté (a bitter tea-like beverage popular in Argentina).

mismo tiempo o un segundo después, en el fondo del pasillo que traía[30] desde aquellas piezas hasta la puerta. Me tiré contra la puerta antes de que fuera demasiado tarde, la cerré de golpe apoyando el cuerpo; felizmente la llave estaba puesta de nuestro lado y además corrí el gran cerrojo para más seguridad.

Fui a la cocina, calenté la pavita, y cuando estuve de vuelta con la bandeja del mate le dije a Irene:

— Tuve que cerrar la puerta del pasillo. Han tomado la parte del fondo.

Dejó caer el tejido y me miró con sus graves ojos cansados.

— ¿Estás seguro?

Asentí.

— Entonces — dijo recogiendo las agujas — tendremos que vivir en este lado.

Yo cebaba[31] el mate con mucho cuidado, pero ella tardó un rato en reanudar su labor. Me acuerdo que tejía un chaleco gris; a mí me gustaba ese chaleco.

Los primeros diás nos pareció penoso porque ambos habíamos dejado en la parte tomada muchas cosas que queríamos. Mis libros de literatura francesa, por ejemplo, estaban todos en la biblioteca. Irene extrañaba unas carpetas, un par de pantuflas que tanto la abrigaban en invierno. Yo sentía mi pipa de enebro y creo que Irene pensó en una botella de Hesperidina[32] de muchos años. Con frecuencia (pero esto solamente sucedió los primeros días) cerrábamos algún cajón de las cómodas y nos mirábamos con tristeza.

— No está aquí.

Y era una cosa más de todo lo que habíamos perdido al otro lado de la casa.

Pero también tuvimos ventajas. La limpieza se simplificó tanto que aun levantándose tardísimo, a las nueve y media por ejemplo, no daban las once y ya estábamos de brazos cruzados. Irene se acostumbró a ir conmigo a la cocina y ayudarme a preparar el almuerzo. Lo pensamos bien, y se decidió esto: mientras yo preparaba el almuerzo, Irene cocinaría platos para comer fríos de noche. Nos alegramos porque siempre resulta molesto[33] tener que abandonar los dormitorios al atardecer y ponerse a cocinar. Ahora nos bastaba con la mesa en el dormitorio de Irene y las fuentes de comida fiambre.[34]

[30] **en . . . traía** at the end of the corridor which led.
[31] **cebaba** brewed.
[32] **Hesperidina** a popular patent medicine, sold as a tonic.
[33] **resulta molesto** it is a bother.
[34] **comida fiambre** cold food (cold cuts, etc.).

Irene estaba contenta porque le quedaba más tiempo para tejer. Yo andaba un poco perdido a causa de los libros, pero por no afligir a mi hermana me puse a revisar la colección de estampillas de papá, y eso me sirvió para matar el tiempo. Nos divertíamos mucho, cada uno en sus cosas, casi siempre reunidos en el dormitorio de Irene que era más cómodo. A veces Irene decía:

—Fijate este punto[35] que se me ha ocurrido. ¿No da un dibujo de trébol?

Un rato después era yo el que la ponía ante los ojos un cuadradito de papel para que viese el mérito de algún sello de Eupen y Malmédy.[36] Estábamos bien, y poco a poco empezábamos a no pensar. Se puede vivir sin pensar.

(Cuando Irene soñaba en alta voz yo me desvelaba en seguida. Nunca pude habituarme a esa voz de estatua o papagayo, voz que viene de los sueños y no de la garganta. Irene decía que mis sueños consistían en grandes sacudones que a veces hacían caer el cobertor. Nuestros dormitorios tenían el living de por medio, pero de noche se escuchaba cualquier cosa en la casa. Nos oíamos respirar, toser, presentíamos el ademán que conduce a la llave del velador,[37] los mutuos y frecuentes insomnios.

Aparte de eso todo estaba callado en la casa. De día eran los rumores domésticos, el roce metálico de las agujas de tejer, un crujido al pasar las hojas del álbum filatélico. La puerta de roble, creo haberlo dicho, era maciza. En la cocina y el baño, que quedaban tocando la parte tomada, nos poníamos a hablar en voz más alta o Irene cantaba canciones de cuna. En una cocina hay demasiado ruido de loza y vidrios para que otros sonidos irrumpan en ella. Muy pocas veces permitíamos allí el silencio, pero cuando tornábamos a los dormitorios y al living, entonces la casa se ponía callada y a media luz, hasta pisábamos más despacio para no molestarnos. Yo creo que era por eso que de noche, cuando Irene empezaba a soñar en alta voz, me desvelaba en seguida.)

Es casi repetir lo mismo salvo las consecuencias.[38] De noche siento sed, y antes de acostarnos le dije a Irene que iba hasta la cocina a servirme un vaso de agua. Desde la puerta del dormitorio (ella tejía) oí ruido en la cocina; tal vez en la cocina o tal vez en el baño porque el codo del pasillo apagaba el sonido. A Irene le llamó la atención mi brusca manera de

[35] **punto** stitch.
[36] **Eupen y Malmédy** two districts in Belgium politically joined since 1920.
[37] **presentíamos . . . velador** we sensed the movement of the hand reaching for the bedside lamp switch.
[38] **Es . . . consecuencia** What follows now is repetition, except for the consequences.

detenerme, y vino a mi lado sin decir palabra. Nos quedamos escuchando los ruidos, notando claramente que eran de este lado de la puerta de roble, en la cocina y el baño, o en el pasillo mismo donde empezaba el codo casi al lado nuestro.

No nos miramos siquiera. Apreté el brazo de Irene y la hice correr conmigo hasta la puerta cancel, sin volvernos hacia atrás. Los ruidos se oían más fuerte pero siempre sordos, a espaldas nuestras. Cerré de un golpe la cancel y nos quedamos en el zaguán. Ahora no se oía nada.

—Han tomado esta parte—dijo Irene. El tejido le colgaba de las manos y las hebras iban hasta la cancel y se perdían debajo. Cuando vio que los ovillos habían quedado del otro lado, soltó el tejido sin mirarlo.

—¿Tuviste tiempo de traer alguna cosa?—le pregunté inútilmente.

—No, nada.

Estábamos con lo puesto.[39] Me acordé de los quince mil pesos en el armario de mi dormitorio. Ya era tarde ahora.

Como me quedaba el reloj pulsera, vi que eran las once de la noche. Rodeé con mi brazo la cintura de Irene (yo creo que ella estaba llorando) y salimos así a la calle. Antes de alejarnos tuve lástima,[40] cerré bien la puerta de entrada y tiré la llave a la alcantarilla. No fuese que a algún pobre diablo se le ocurriera[41] robar y se metiera en la casa, a esa hora y con la casa tomada.

EXERCISES

A. Questions

1. ¿Qué personas vivían en la casa grande?
2. Después de muertos los hermanos, ¿qué pasaría probablemente con la casa?
3. ¿Cómo eran los hermanos?
4. ¿Cómo pasaban el tiempo los dos?
5. ¿Por qué no ocupaban la parte del fondo de la casa?
6. ¿Qué pasó un día que el narrador recordará siempre?
7. ¿Cómo reaccionaron los dos hermanos ante aquello?
8. ¿Qué ocurrió por fin con las últimas habitaciones que ocupaban los dos hermanos?

[39] **Estábamos . . . puesto** All we had was what we were wearing.
[40] **tuve lástima** I felt a tinge of sadness.
[41] **No . . . ocurriera** I wouldn't want some poor devil to get the idea.

9. ¿Qué cosa había tomado posesión de la casa?
10. ¿En qué sentido podría la casa simbolizar la vida para el narrador y su hermana?

B. Translation

Using the verbs listed in the right-hand column, translate the sentences into Spanish.

1.	a) Irene and her brother used to think about the strange noises all the time.	**pensar en**
	b) I never think about those things.	
2.	a) Irene has dropped her knitting three times.	**dejar caer**
	b) I dropped the money on the table.	
3.	a) It occurred to him to throw the key to the house into the sewer when they left.	**ocurrírsele a uno**
	b) That hadn't occurred to me before.	
4.	a) After the back of the house had been occupied, they had to close the corridor door.	**tener que**
	b) Will we have to introduce him to Ana?	
5.	a) At the beginning they both missed the things they had left in the occupied part of the house.	**extrañar**
	b) He misses his children very much.	
6.	a) He wondered what Irene would do without her knitting.	**preguntarse**
	b) I wonder if you have heard those noises.	
7.	a) Irene hoped her brother enjoyed himself examining his stamp collection.	**divertirse**
	b) Have a good time at the party.	
8.	a) He always helped her clean the rooms.	**ayudar a**
	b) Help us close the door.	
9.	a) When he was back from the kitchen he told Irene what had happened.	**estar de vuelta**
	b) At what time will you be back?	
10.	a) They got accustomed to living in only a small section of the house.	**acostumbrarse a**
	b) We'll never get into the habit of eating so late.	

C. Drill on Expressions

From the expressions on the right, select the one which best translates the word(s) in italics.

1. Lo vi porque la puerta estaba *half-open.*
2. Estaré aquí solamente *a couple of* días más.
3. Buscó *in vain* su dirección y número de teléfono.
4. *¿So* no tienes tiempo para ir con nosotros?
5. *Aside from* eso, no sé por qué se fue.
6. *Suddenly,* algo hizo un ruido en el corredor.
7. *Sometimes* les escribía a mis padres dos veces a la semana
8. *Beyond* las montañas está el mar.
9. *Little by little,* algo extraño se apoderó de la casa.
10. Un día, *for no particular reason,* vendió todos sus libros.

aparte de
poco a poco
más allá de
a veces
de repente
vanamente
de manera que
un par de
sin mayor motivo
entornado

D. "Context" Exercise (oral or written)

Express the ideas described in the following sentences in Spanish, avoiding a word-for-word translation. The purpose is to think in Spanish and create your own statement.

1. Say that you always missed your best friend when you returned to the university.
2. Say that you don't use the other rooms because you don't need them.
3. Express the idea that one can live without thinking.
4. Say that you think the entire house has been taken over.
5. Describe how you used to read and your sister used to knit every day.

Gabriel García Márquez

UN DÍA DE ESTOS

COLOMBIA: A Tale of Implacable Retribution

GABRIEL GARCÍA MÁRQUEZ (1928-) is the author of the most successful and celebrated Spanish American novel of our time—*Cien años de soledad* (1966). His early short stories and novelettes led up to this masterful evocation of the archetypical Macondo, which seems to constitute a microcosm of the Hispanic experience in the New World. García Márquez's writings reveal affinities with the American author William Faulkner, but also with the Argentine Jorge Luis Borges. In his extraordinary novel, the physical setting is compellingly depicted, but conventional distinctions between reality and fantasy are also seductively disregarded.

Un día de estos portrays a situation similar to that of Téllez's *Espuma y nada más*. In his characteristically direct and lucid style, García Márquez recounts an incident whose effectiveness depends not so much on melodrama as on understatement. The tragic period of Columbia's "violencia" once more provides the setting. The mayor and the dentist represent opposing sides in the conflict between federal forces and revolutionaries. The encounter that García Márquez describes here is played out by two men of courage, each of whom in his own way has adapted to the consequences of a "secret war" that lies just below the surface of their everyday existence.

UN DÍA DE ESTOS

El lunes amaneció[1] tibio y sin lluvia. Don Aurelio Escovar, dentista sin título y buen madrugador, abrió su gabinete a las seis. Sacó de la vidriera una dentadura postiza[2] montada aún en el molde de yeso y puso sobre la mesa un puñado de instrumentos que ordenó de mayor a menor, como en una exposición. Llevaba una camisa a rayas, sin cuello, cerrada arriba con un botón dorado, y los pantalones sostenidos con cargadores elásticos. Era rígido, enjuto, con una mirada que raras veces correspondía a la situación, como la mirada de los sordos.

Cuando tuvo las cosas dispuestas sobre la mesa rodó la fresa[3] hacia el sillón de resortes y se sentó a pulir la dentadura postiza. Parecía no pensar en lo que hacía, pero trabajaba con obstinación, pedaleando en la fresa incluso cuando no se servía de ella.

Después de las ocho hizo una pausa para mirar el cielo por la ventana y vio dos gallinazos pensativos que se secaban al sol en el caballete de la casa vecina. Siguió trabajando con la idea de que antes del almuerzo volvería a llover. La voz destemplada de su hijo de once años lo sacó de su abstracción.

— Papá.

— Qué.

[1] **El lunes amaneció** On Monday dawn broke.
[2] **una dentadura postiza** a set of false teeth.
[3] **rodó la fresa** he moved the drill.

— Dice el alcalde que si le sacas una muela.[4]

— Dile que no estoy aquí.

Estaba puliendo un diente de oro. Lo retiró a la distancia del brazo y lo examinó con los ojos a medio cerrar. En la salita de espera volvió a gritar su hijo.

— Dice que sí estás porque te está oyendo.

El dentista siguió examinando el diente. Sólo cuando lo puso en la mesa con los trabajos terminados, dijo:

— Mejor.[5]

Volvió a operar la fresa. De una cajita de cartón donde guardaba las cosas por hacer, sacó un puente de varias piezas y empezó a pulir el oro.

— Papá.

— Qué.

Aún no había cambiado de expresión.

— Dice que si no le sacas la muela te pega un tiro.[6]

Sin apresurarse, con un movimiento extremadamente tranquilo, dejó de pedalear en la fresa, la retiró del sillón y abrió por completo la gaveta inferior de la mesa. Allí estaba el revólver.

— Bueno — dijo — . Dile que venga a pegármelo.

Hizo girar el sillón hasta quedar de frente a la puerta, la mano apoyada en el borde de la gaveta. El alcalde apareció en el umbral. Se había afeitado la mejilla izquierda, pero en la otra, hinchada y dolorida, tenía una barba de cinco días. El dentista vio en sus ojos marchitos muchas noches de desesperación. Cerró la gaveta con la punta de los dedos y dijo suavemente:

— Siéntese.

— Buenos días — dijo el alcalde.

— Buenos — dijo el dentista.

Mientras hervían los instrumentos, el alcalde apoyó el cráneo en el cabezal de la silla y se sintió mejor. Respiraba un olor glacial. Era un gabinete pobre: una vieja silla de madera, la fresa de pedal, y una vidriera con pomos de loza. Frente a la silla, una ventana con un cancel de tela hasta la altura de un hombre. Cuando sintió que el dentista se acercaba, el alcalde afirmó los talones[7] y abrió la boca.

Don Aurelio Escovar le movió la cara hacia la luz. Después de observar

[4] **Dice . . . muela** The mayor wants to know if you'll pull one of his teeth.
[5] **Mejor** So much the better.
[6] **te . . . tiro** he'll shoot you.
[7] **afirmó los talones** braced his heels.

la muela dañada, ajustó la mandíbula con una cautelosa presión de los dedos.

—Tiene que ser sin anestesia—dijo.

—¿Por qué?

—Porque tiene un absceso.

El alcalde lo miró en los ojos.

—Está bien—dijo, y trató de sonreír. El dentista no le correspondió.[8] Llevó a la mesa de trabajo la cacerola con los instrumentos hervidos y los sacó del agua con unas pinzas frías, todavía sin apresurarse. Después rodó la escupidera con la punta del zapato y fue a lavarse las manos en el aguamanil. Hizo todo sin mirar al alcalde. Pero el alcalde no lo perdió de vista.

Era una cordal[9] inferior. El dentista abrió las piernas y apretó la muela con el gatillo caliente.[10] El alcalde se aferró a las barras de la silla, descargó toda su fuerza en los pies y sintió un vacío helado en los riñones, pero no soltó un suspiro. El dentista sólo movió la muñeca. Sin rencor, más bien con una amarga ternura, dijo:

—Aquí nos paga veinte muertos, teniente.

El alcalde sintió un crujido de huesos en la mandíbula y sus ojos se llenaron de lágrimas. Pero no suspiró hasta que no sintió salir la muela. Entonces la vio a través de las lágrimas. Le pareció tan extraña a su dolor, que no pudo entender la tortura de sus cinco noches anteriores. Inclinado sobre la escupidera, sudoroso, jadeante, se desabotonó la guerrera y buscó a tientas el pañuelo en el bolsillo del pantalón. El dentista le dio un trapo limpio.

—Séquese las lágrimas—dijo.

El alcalde lo hizo. Estaba temblando. Mientras el dentista se lavaba las manos, vio el cielorraso desfondado y una telaraña polvorienta con huevos de araña e insectos muertos. El dentista regresó secándose las manos. "Acuéstese—dijo—y haga buches de agua de sal."[11] El alcalde se puso de pie, se despidió con un displicente saludo militar, y se dirigió a la puerta estirando las piernas, sin abotonarse la guerrera.

—Me pasa la cuenta—dijo.

—¿A usted o al municipio?[12]

[8] **no le correspondió** didn't return the smile.
[9] **cordal** wisdom tooth.
[10] **apretó . . . caliente** squeezed the tooth with the hot forceps.
[11] **haga . . . sal** rinse your mouth with a salt solution.
[12] **¿A . . . municipio?** To you or to City Hall?

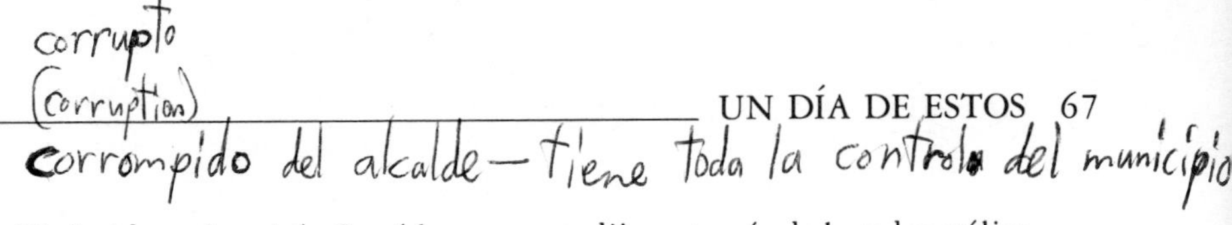

El alcalde no lo miró. Cerró la puerta, y dijo, a través de la red metálica.
— Es la misma vaina.[13]

EXERCISES

A. Questions

1. ¿Qué cosas sugieren que el dentista es un hombre serio y trabajador?
2. ¿Por qué no quiere el dentista atender al alcalde?
3. ¿Qué dice el alcalde que hará si el dentista no lo deja pasar?
4. Según el dentista, ¿por qué hay que sacar la muela sin anestesia?
5. ¿Por qué tortura así el dentista al alcalde?
6. ¿Por qué le llama al alcalde "teniente"?
7. ¿El dentista le trata al alcalde de una manera profesional?
8. ¿El alcalde va a pagarle al dentista por sus servicios?
9. ¿Por qué dice el alcalde que es lo mismo pasarle la cuenta a él o al municipio?
10. ¿Le ha gustado más a usted este cuento o *Espuma y nada más*? ¿Por qué?

B. Translation

Using the words listed in the right-hand column, translate the sentences into Spanish.

1. a) The dentist would make constant use of the drill.	**servirse de**
b) Why don't you make use of these things?	
2. a) He told the mayor to take a shot at him.	**pegarle un tiro a uno**
b) She said that if she saw him again, she'd shoot him.	
3. a) The mayor wanted the dentist to hurry.	**apresurarse**
b) I'd hurry, if I were you.	
4. a) The mayor had shaved only one cheek because of his toothache.	**afeitarse**
b) Shave **(tú)** and let's leave.	

[13] **Es . . . vaina** It's all the same pocket.

5. a) The mayor felt much better after his tooth was pulled. — **sentirse**
   b) I feel fine, thank you.
6. a) He grabbed hold of the chair and prepared himself for the extraction. — **aferrarse a**
   b) Why do you stick to those old ideas?
7. a) His eyes filled with tears because of the intense pain. — **llenarse de**
   b) His heart would fill with sadness when he thought about her.
8. a) The dentist told him to go to bed and to rinse his mouth with salt water. — **acostarse**
   b) If you don't go to bed soon, you'll never get up.
9. a) He got up and asked for the bill. — **ponerse de pie**
   b) Stand up (**tú**) when I'm talking to you.
10. a) The mayor smiled, but the dentist didn't return his smile. — **corresponder a**
    b) Your smile doesn't suit the circumstances.

C. Drill on Expressions

From the expressions on the right, select the one which best translates the word(s) in italics.

1. *After* la clase, puedo ir contigo.	**raras veces**
2. *Even* cuando está contento, no sonríe.	**a rayas**
3. Hay muchas cosas *yet to be done.*	**inferior**
4. Me mostró *a handful of* pesos.	**a medio cerrar**
5. *Rarely* lo he visto tan triste.	**a tientas**
6. La miró *through* sus lágrimas y no dijo nada.	**después de**
7. Se puso una corbata *striped.*	**incluso**
8. Buscó la luz *groping.*	**un puñado de**
9. Luis dejó la puerta *half closed.*	**por hacer**
10. Un diente *lower* le dolía.	**a través de**

D. "Context" Exercise (oral or written)

Express the ideas described in the following sentences in Spanish, avoiding a word-for-word translation. The purpose is to think in Spanish and create your own statement.

1. Tell your dentist that you want him to pull one of your molars.
2. Tell an intimate friend (**tú**) to hurry or you will both arrive late.

3. Say that you are feeling much better than before.
4. Say that you feel like going to bed early.
5. Indicate that the father dried his son's tears.

E. Review Exercise

The following expressions from *Un día de estos* have appeared in previous readings: **seguir** + *gerund,* **acercarse a, frente a.**

Compose original sentences using each of these; then check your vocabulary resourcefulness by composing sentences in which you give *opposites* for each of these expressions.

José Donoso

TOCAYOS

CHILE: A Laconic Romance

JOSÉ DONOSO (1924-   ) now lives in Spain, in voluntary exile from his native Chile. In this respect, he shares the fate of many present-day Spanish American writers who have abandoned their homelands for political or ideological reasons. Donoso was educated in both Chile and the United States, where he received a B.A. in 1951 from Princeton. He left Chile in 1965 and spent two years at the Iowa Writers' Workshop before taking up residence in Spain. His writings deal almost exclusively with Chile, particularly with the different social classes of Santiago, where he grew up. His first novel, *Coronación* (1959), won the William Faulkner Foundation prize in 1962 and brought his work to the attention of international audiences. While most of his work is fairly traditional, his novel, *El obsceno pájaro de la noche* (1970), was acclaimed as a significant contribution to the vigorous and rapidly developing "nueva narrativa" of Latin America.

Tocayos is a short story written early in Donoso's career, a simple, straightforward tale full of realistic detail and subtle characterization. The time is the recent past, the setting is a Chilean city — perhaps Santiago or Valparaíso. It is a touching account of how love comes to a naive young woman. The young man in the story has no particular illusions. He is practical, gregarious, and easy-going. Donoso shows how the two manage to find a way to reconcile their needs and ambitions and reach an "understanding" that seems to suit them both.

TOCAYOS

Ese invierno Juan Acevedo no andaba con dinero en el bolsillo, porque no tenía trabajo. Pero no se amargaba, ya que existía la posibilidad de un puesto como mecánico, con lo que pensaba mantenerse los meses que le faltaban para entrar a hacer la guardia.[1] Además, todos lo querían. Era bajo y enjuto y moreno, con el cabello negro engominado muy alto sobre la frente, y se cuidaba de estar siempre lo más aseado posible. Con frecuencia se dejaba caer al negocio[2] del señor Hernández, y éste le convidaba un par de cervezas, mientras jugaban dominó. Juan se iba pronto, porque era serio y no le gustaba aprovecharse de la gente para pasarlo bien.[3]

El negocio del señor Hernández era una pastelería en una calle de bastante movimiento cerca de la Estación. Un cuarto pequeño pintado de celeste, un mesón[4] y cuatro mesas con sus sillas también celestes. Los pasteles se ponían agrios bajo un fanal, ya que la gente parecía ser poco aficionada a los dulces. Detrás del mesón, en una pieza minúscula oculta por una cortina de percal, había un lavaplatos junto a la taza del excusado. Juana preparaba los sandwiches de lomito con ají[5] en el aparato humeante junto al estante de las bebidas. El problema era la luz. El patrón estaba ahorrando con el fin de comprar una casa para su madre, y por el momento no podía financiar una instalación de luz fluorescente como en los negocios más grandes de la misma calle.

1 **para . . . guardia** to put in his military service.
2 **se . . . negocio** he would drop into the shop.
3 **para pasarlo bien** in order to enjoy himself.
4 **mesón** counter.
5 **sandwiches . . . ají** steak sandwiches with peppers.

— Me haría rico si instalara de esa luz fluorescente aquí. Me llenaría de gente[6] — confiaba el patrón a Juan Acevedo.

— Claro. ¿Y por qué no la pone con lo que tiene guardado? Se hincharía de plata,[7] y después le compraba la casa a su mamá chipiaíto.[8]

— No, hombre, no me conviene. La plata para el pie[9] se me va a ir entre los dedos si empiezo a hacer gastos. Primero compro la casita, y después junto para la luz.

El señor Hernández estaba acostumbrado a ver llegar a Juan Acevedo más o menos una vez por semana, cerca de la hora de cerrar. Le gustaba la cabeza bien asentada del muchacho, y esa tranquilidad suya en que siempre rondaba la risa. Juana también se había acostumbrado a verlo llegar. En cuanto lo divisaba atisbando tras el vaho de su respiración en la vidriera,[10] sacaba el dominó porque era seguro que se quedaría jugando con el patrón hasta pasada la hora de cerrar. Cuando el muchacho llegaba, el señor Hernández a menudo permitía que Juana se fuera más temprano, y ella a veces se iba, pero otras veces se quedaba lavando platos y vasos sólo por el gusto de oír hablar a Juan Acevedo.

Juana era diminuta y blanda y tibia. No tenía más de diecisiete años. Estaba contenta con el empleo que su madrina le consiguiera al ir a vivir a su casa, cuando su madre se juntó con ese borracho inservible. El patrón era delicado con ella, y la pastelería quedaba cerca, de modo que no se exponía tanto a la falta de respeto de los hombres que en la noche le silbaban desde las esquinas. Además, en el negocio se hablaba de tantas cosas interesantes. Pero más que todo le gustaba escuchar a Juan Acevedo. Tenía una manera distinta de hablar. Una vez trató de explicárselo a Rosa, la hija de su madrina, y ella opinó que era argentino. Juana se rió porque le parecía imposible. Sólo se convenció cuando fue a ver una película argentina, y extrañada se lo preguntó a Juan apenas pudo.

— No — respondió el muchacho — . Pero mi ambición más grande es conocer Buenos Aires. ¿No le gustaría ir, tocaya?[11]

Juana no supo qué contestar, no lo había pensado. Por otra parte, el hecho que la llamara tocaya la hizo sentirse rara, como si la palabra fuera tibia y deliciosa y se hubiera instalado bajo su melena, en la nuca. Después

[6] **Me . . . gente** I'd have mobs of people.
[7] **Se . . . plata** You'd get filthy rich.
[8] **chipiaíto** right then and there.
[9] **pie** downpayment.
[10] **tras . . . vidriera** through the vapor caused by her breath on the shop window.
[11] **tocaya** namesake (a term used to designate people who have the same name).

aguardó a que Juan la volviera a llamar tocaya, pero transcurrieron dos semanas sin que apareciera por la pastelería.

Confió su impaciencia a Rosa, quien diagnosticó que estaba enamorada. Fue un descubrimiento maravilloso, porque era su primer amor, igual que en las películas. A menudo Rosa le relataba sus experiencias amorosas y Juana sentía gran envidia, deseando que llegara el día en que pudiera decirle no solamente que estaba enamorada, sino que tenía un "firmeza".[12] Comprendía la seriedad de la diferencia. Y no dejó de ser humillante que Rosa definiera sus sentimientos antes que ella supiera qué nombre darles. Pero no era raro, ya que Rosa tenía tres años más que ella y era rubia.

Cuando Juan Acevedo regresó después de esas dos semanas, no la llamó tocaya en todo el tiempo que permaneció en el negocio. En realidad casi no le dirigió la palabra, aunque la trataba con la amabilidad de siempre. Juana, entretanto, observaba las grandes manos morenas del muchacho revolviendo las cartas del dominó en la mesa. Imaginó esas manos sobre su cuerpo redondo y liso, o tocando sus manos frías. Tuvo miedo, pero no pudo dejar de imaginarlas. El patrón se vio obligado a pedirle cerveza dos veces antes que Juana lo oyera. Al poner una botella ante Juan, él le agarró el muslo por debajo de la mesa. Juana tembló. No sabía si era realidad o si sucedía en su imaginación.

El patrón le dio permiso para irse. Esta vez Juana no se quedó. Se puso el abrigo y se fue a su casa. Tenía un calor especial, movedizo e insistente, que se localizaba de pronto en los sitios más insospechados de su persona.

Esa semana apenas logró dormir. Aunque no pensaba mucho en Juan, de pronto se le ocurría que andaba cerca, en la esquina, por ejemplo, o debajo de su cama, y que la iba a tocar. Cuando el muchacho por fin volvió al negocio, traía las manos manchadas con grasa y una sonrisa inmensa en la boca. Exclamó:

—¡Sírvame un sandwich de lomito en marraqueta[13]! ¡Y póngame media docena de maltas[14] en la mesa! ¡Señor Hernández, esta vez convido yo!

Estaba contento porque al fin le habían dado el trabajo en el garaje. Conversó con los hombres de la mesa del lado y les pagó una corrida de

[12] **"firmeza"** "understanding" (used to suggest a more or less formal romantic attachment).

[13] **sandwich . . . marraqueta** steak sandwich on French bread.

[14] **maltas** premium beers.

maltas. Reía con seguridad, y jamás brilló de tal modo la pifia de oro en sus dientes, bajo el bozo[15] que, aunque joven, ya recortaba.

Cuando Juana estaba lavando unos vasos en el pequeño cuarto adyacente, las cortinillas se alzaron y entró Juan.

—Permiso, usted sabe que la cerveza . . . —dijo.

—Pase no más, yo ya me iba— respondió ella.

Pero no se movió. En el lavaplatos el chorro caía con fuerza sobre los vasos. Más allá de la cortinilla se oían voces, y el ruido del dominó en la mesa. La pieza era estrecha y oscura. Acevedo tomó a Juana por la cintura, apretándola. En la calle una bocina atravesó la noche, y la muchacha, aterrada, luchó por desprenderse. Pero sólo un segundo. Después, viendo que un hilillo de luz partía el rostro de Juan como una herida, acarició esa herida. Él, con su mano grande y caliente y engrasada, hurgó en el escote de Juana. Ella lo sintió duro y peligroso apretado contra su cuerpo, y tuvo miedo otra vez.

—No, no, por favor . . .

—Ya, pues, Juana, no sea tonta.

No le dijo tocaya. Se desprendió con violencia y volvió al mesón. Desde allí escuchó cómo Juan orinaba.

Estaba furiosa cuando regresó a su casa. Furiosa, pero con ganas de reírse sola y de tocar cosas. Esa noche, dentro del lecho, palpó las desnudeces de su cuerpo, pero sus manos no eran como las manos ásperas y calientes del muchacho. Tardó mucho en dormirse.

Después de eso, Acevedo iba menos al negocio. El patrón, que era sentimental como buen soltero y gordo, dijo que ahora que estaba ganando y pagaba su consumo, prefería ir a negocios más alegres y concurridos.

Pero, aunque no iba tanto como antes al negocio del señor Hernández, de todas maneras iba. Se dejaba caer a eso de las once, cuando quedaba poca gente y la noche reposaba lisa y fría en torno a los faroles de la calle. Llegaba, bebía una malta o comía un sandwich, conversaba un rato con el patrón, y después partía. Casi no miraba a Juana. Pero ella no dejaba de observarlo: había comprado un traje café de segunda mano. La chaqueta le quedaba bien, pero los pantalones le quedaban anchos, de modo que el cinturón los abultaba en la cintura.[16] Sin embargo, no se veía mal, sobre todo cuando llegaba con la bufanda azulina enrollada al cuello.

[15] **bajo . . . recortaba** beneath the faint moustache that, even though he was young, was clearly defined.

[16] **el . . . cintura** the belt bunched up the material at his waist.

Una noche llegó más contento que nunca, diciendo que dentro de dos días debía partir a Los Andes[17] para hacer la guardia. Hernández le deseó felicidad y Juana le sonrió desde el mesón. Pero después la muchacha entró al cuarto del servicio para llorar un ratito.

Cuando Juana caminaba a su casa esa noche, Acevedo le salió al encuentro en una esquina. Ella apresuró el paso, cubriéndose la cabeza con un diario para protegerse de la llovizna. La abordó diciendole:

— No se apure tanto. ¿Pa qué me tiene miedo?

Juana caminó más despacio, sin responder. Siguieron en silencio unos pasos. Más allá, tomándola por la cintura, la condujo a una calle sin luz.

— Venga — dijo, y la llevó al umbral de una casa — . Quería despedirme de usted.

La abrazó, besándola en la boca. Ella se dejó, sintiendo toda la fuerza del muchacho tensa contra su cuerpo. Pero no se movió porque no hubiera sabido qué hacer. Tenía miedo. Tiritaba de frío cuando Juan le abrió la blusa. En la puerta, se asomó un perro meneando la cola, y después se fue. Pero si no pasaba aquello que desconocía haciéndola temblar,[18] moriría de desesperación. No las quería, y, sin embargo, no hubiera soportado que se fueran esas manos ávidas y mojadas de lluvia que acariciaban la piel tibia de sus senos, sus pezones diminutos que iban a estallar. Afuera pasó un auto, el muchacho se detuvo mientras la luz desaparecía, y luego continuó. Cuando supo que el momento estaba próximo, Juana comenzó a quejarse diciendo:

— No, no, por favor, no sea malo, déjeme . . .

Pero lo acarició mientras él indagaba sobre el calor de su vientre y de sus piernas. Repentinamente, el dolor fue feroz, pero se dejó porque si luchaba sería peor. Sería peor y no lo tendría a él. Además, la tenía cargada contra la manilla de la puerta. Juan resoplaba y resoplaba, pero no le decía tocaya. Después se desmoronó sobre el cuerpo de su compañera, que lloriqueaba por sentirse dolorida y húmeda. Entre sus sensaciones buscaba a cuál llamar placer. La cara de Juan había caído sobre el cuello de la muchacha y ella le acarició la nuca. Cuando sintió junto a su oreja el pestañear de Juan, que así respondía a su caricia, Juana murmuró:

— Tocayo . . .

[17] **Los Andes** A Chilean town located high in the Andes mountain range near the Argentine border.

[18] **Pero . . . temblar** But if the unknown thing that was making her tremble didn't happen.

Él rió, y su risa fue un resoplido tibio en el cuello de Juana.

— Tocaya . . . — respondió.

Y se quedaron inmóviles un rato, ambos cansados y doloridos e incómodos.

Luego Juan Acevedo acompañó a su amiga hasta la casa, en la cuadra siguiente. Ella le preguntó cuánto tiempo estaría en Los Andes y él le dijo que por lo menos un año. Estaba contento. Juana se alegró con él. En la puerta de la casa le deseó buena suerte y se dieron la mano al despedirse. La mano de Juan estaba tibia porque la traía en el bolsillo del pantalón. La de ella era muy chica y fría y blanda.

Al acostarse Juana sintió un dolor terrible. Pero como estaba fatigada se quedó dormida rápidamente, pensando en la cara que pondría Rosa[19] al día siguiente cuando le contara que por fin tenía un "firmeza".

EXERCISES

A. Questions

1. Si Juan Acevedo no tenía dinero, ¿cómo podía tomar cerveza en el negocio del señor Hernández?
2. ¿Qué hacía Juana en la pastelería?
3. ¿Por qué se había ido Juana a vivir a la casa de su madrina?
4. ¿A Juana qué cosa le gustaba más hacer en la pastelería?
5. ¿Qué dijo Rosa acerca de las curiosas emociones que sentía Juana?
6. ¿Cómo reaccionó Juana cuando Juan la tocó por primera vez?
7. ¿Por qué cree Ud. que ella se desprendió de Juan cuando él trató de abrazarla detrás de la cortinilla del pequeño cuarto?
8. ¿Por qué frecuentaba Juan menos el negocio del señor Hernández después de conseguir un empleo?
9. ¿Por qué no se resistió mucho Juana cuando Juan le hacía el amor en el umbral de una casa?
10. ¿Qué significaba para Juana el hecho de que Juan le volviera a llamar por fin "tocaya"?

[19] **la . . . Rosa** the expression on Rosa's face.

B. Translation

Using the verbs listed in the right-hand column, translate the sentences into Spanish.

1. a) Juan took care to be always well groomed.	**cuidarse de**
b) Who is going to take care of their child?	
2. a) He used to be very fond of dominoes.	**ser aficionado de**
b) Her father is a fan of Argentine soccer.	
3. a) Mr. Hernández thought he would get rich by installing fluorescent lighting in his store.	**hacerse rico**
b. Pay attention to me and you will get rich.	
4. a) When Juan got a job, he would treat others to have a beer with him.	**convidar**
b) Here comes the check. Who's treating?	
5. a) Juan didn't take advantage of his friends.	**aprovecharse de**
b) I think Ricardo has always taken advantage of his relatives.	
6. a) Mr. Hernández felt it wasn't to his advantage to improve the store before buying his mother a house.	**convenirle a uno**
b) We would do well to listen to his ideas.	
7. a) Juana hurried a little more because she was afraid.	**apurarse**
b) Hurry (**tú**), it's almost seven-thirty.	
8. a) They shook hands when they took leave of each other.	**despedirse de**
b) When will you say goodbye to your uncle?	
9. a) Juana was convinced that her namesake was Argentine, but she was mistaken.	**convencerse**
b) I haven't become convinced that you are right.	
10. a) Juan would stay in Los Andes for at least one year.	**permanecer**
b) They stayed in Mexico for several years.	

C. Drill on Expressions

From the expressions on the right, select the one which best translates the word(s) in italics.

1. *For the time being,* trataré de no decir nada.	**en cuanto**
2. *Often* cuidábamos de sus dos hijos.	**detrás de**
3. Roberto quiere ser mecánico, *the same as* su padre.	**de modo que**
	entretanto
4. El carro fue dejado *behind* la escuela.	**apenas**
5. Creo que lo hizo *with the purpose of* ayudarla a comprender.	**sin embargo**
	con el fin de
6. *As soon as* tenga tiempo, te llamaré.	**por el momento**
7. *Meanwhile,* espérame aquí.	**con frecuencia**
8. *So* parece que no podremos ir.	**igual que**
9. *Hardly* tuvimos tiempo de hablarles.	
10. *Nevertheless,* no quiero darme prisa.	

D. "Context" Exercise (oral or written)

Express the ideas described in the following sentences in Spanish, avoiding a word-for-word translation. The purpose is to think in Spanish and create your own statement.

1. Say that you have always been fond of tennis.
2. Say that the boy and girl loved each other, but without realizing it.
3. Indicate that the rich simply get richer.
4. Say that you managed to sleep for only four hours.
5. Express your hope that Juan and Juana get married.

Augusto Roa Bastos

LA FLECHA Y LA MANZANA

PARAGUAY: Alicia's Fantasy World

AUGUSTO ROA BASTOS (1917-) began his literary career as a poet, but it was with his first novel, *Hijo de hombre* (1959), that he made his presence known. This novel, which has been translated into many languages, is probably the most significant documentation of modern-day Paraguayan experience to reach beyond the borders of his native country. The turbulent history of Paraguay has had a deep effect on the writing of Roa Bastos, for he has been directly involved in his country's civil strife. As a consequence, he was forced to live in exile in Buenos Aires for more than twenty-five years.

La flecha y la manzana is taken from his book of short stories, *El baldío* (1966), and deals, not surprisingly, with exiled Paraguayans in Buenos Aires. However, this fact is only incidental to the meaning of the narrative. Roa Bastos has achieved here an unusual blending of emotional tensions between the different family members in the story — brother-sister, mother-child, and husband-wife. Through the figures of the strong-willed and imaginative Alice and the elderly visitor, he has played the thoughtlessness of youth against the vulnerability of older persons. The story's disturbing climax shows how children's fantasies can often achieve a distinctly sinister character.

LA FLECHA Y LA MANZANA

Faltaba aún un buen rato para la cena. Sobre la mesa del living los tres chicos simulaban concluir sus deberes. Es decir, los tres no; sólo la niña de trenzas rubias y de cara pecosa se afanaba de veras con sus lápices de colores sobre un cuaderno copiando algo de un libro. Los otros dos no hacían más que molestarla; o al menos lo intentaban, sin éxito. Concentrada en su trabajo la pequeña dibujante no hacía el menor caso de sus hermanos. Los ignoraba por completo. Parecía sorda a sus ruidos, immune a sus burlas,[1] insensible a los pérfidos puntapiés[2] bajo la mesa, a las insidiosas maquinaciones.[3] Estaba lejos de allí, rodeada tal vez de altos árboles silenciosos o en alguna almena inaccesible sobre ese precipicio que la hacía palpitar de vértigo la nariz y morder el labio inferior dándole un aire absorto.

El niño de la lámina estaba ya en el papel, iba surgiendo de los trazos,[4] pero era un niño nuevo, distinto, a medida que ella iba ocupando su lugar en la lámina, cada vez más quieta y absorta, moviéndose sólo en ese último vestigio animado de la mano que hacía de puente entre la lámina y el cuaderno, entre el niño vivo y la niña muerta y renacida. Los aeroplanos de papel se estrellaban contra las afiladas puntas de los lápices sin lograr interrumpir su vaivén, sin poder evitar la transmigración.

Un alfiler rodó sobre el oscuro barniz de la mesa. Los dos hermanos se pusieron a soplar de un lado y de otro, en sentido contrario, levantando

[1] **inmune a sus burlas** immune to their jokes.
[2] **pérfidos puntapiés** sneaky kicks.
[3] **insidiosas maquinaciones** sly tricks.
[4] **iba . . . trazos** he was emerging from the pencil strokes.

una nube de carbonilla de colores.[5] El alfiler iba y venía en el viento de los tenaces carrillos,[6] hinchados bajo la luz de la araña. La aguja mareada, enloquecida, iba marcando distintos puntos de la lámina, sin decidirse por ninguno, pero el polvillo coloreado se estaba posando en los bordes[7] y comenzaba a invadir el dibujo animándolo con una improvisada nevisca,[8] y formando sobre la cabeza del niño algo como la sombra tornasolada de un objecto redondo. La niña continuaba impávida; parecía contar incluso con la imprevista ayuda de esa agresión, o tal vez en ese momento su exaltación no podía hacerse cargo de ella,[9] o quizás con una astucia y paciencia que tomaban la forma del candor o de la impasibilidad, esperaba secretamente el instante del desquite.

Los otros dejaron de soplar. El alfiler osciló una o dos veces más y quedó muerto. Entonces la niña sopló a su vez con fuerza, un soplo corto y fulmíneo que arrancó el alfiler de la mesa y lo incrustó en el pómulo de uno de los chicos, donde quedó oscilando con la cabeza para abajo, mientras el herido gritaba de susto, no de dolor.

Desde un sofá el visitante observaba ensimismado ese mínimo episodio de la eterna lucha entre el bien y el mal, que hace una víctima de cada triunfador. Una mano se apoyaba con cierta rigidez en el bastón de bambú; con la otra comenzó a rascarse lenta, suavemente, la nuca atezada[10] que conservaba su juventud bajo los cabellos canosos.

Pasó la madre. Los gritos no cesaron con suficiente rapidez, esos gritos que traían el clamor de un campo de batalla entre el olor de un guiso casero, ruiditos de lápices y las tapas de un libro al cerrarse sobre precipicios, almenas, guerreros y cabellos. Los ojos grises, moteados de oro,[11] de la niña, miraban seguros delante de sí en una especie de sueño realizado y las aletas de la nariz habían cesado de latir.

—¡A ver, chicos, por favor! ¡Pórtense bien! ¡No respetan ni a las visitas!

—Déjelos, señora—abogó el visitante con una sonrisa de lenidad, como si él también buscara disculparse de algo que no tenía relación con los chicos y sólo le concernía a él mismo.

—¡Son insoportables!—sentenció la madre.

[5] **carbonilla de colores** colored pencil dust.
[6] **el viento . . . carrillos** the wind from their persevering cheeks.
[7] **posando . . . bordes** settling on the borders.
[8] **improvisada nevisca** improvised light snowfall.
[9] **su exaltación . . . ella** her exaltation prevented her from realizing it.
[10] **la nuca atezada** tanned nape of his neck.
[11] **moteados de oro** speckled with gold.

—Los chicos me gustan—dijo el visitante haciendo girar la caña barnizada entre los dedos y mirándola fijamente.

—No diría lo mismo si los tuviera a éstos a su lado más de un día. ¡Me tienen loca con sus diabluras! Esa chiquilina, sobre todo. Ahí donde la ve es una verdadera piel de Judas.[12] Imagínese que ayer metió el canario en la heladera.

—Hacía mucho calor, mamá . . . El canario se esponjaba en la jaula. Abría la boca, pero no podía cantar. Además, allí el gato no lo podía alcanzar.

—¿Ve?—el rictus[13] de la boca dio a la cara una expresión de ansiedad y desgano que ahora ya tampoco incluía a los chicos; surgía de ella, de ese vacío de años y noches que le habría crecido bajo la piel y que tal vez ya nada podría colmar,[14] aunque ella se resistiera todavía a admitirlo. Se pasó las manos por las ampulosas caderas, por la cintura delgada, que la maternidad y la cuarentena habían acabado por desafinar.[15]—Usted ve . . .—dijo—. ¡No tienen remedio!—Y luego, otra vez es dueña de casa.[16]—José Felix está tardando. Esa bendita fábrica lo tiene esclavizado todo el día. Me dijo por teléfono que iba a llegar de un momento a otro. Pero usted sabe cómo es él.

—¡Uf!, si lo conoceré[17] . . .—rió el visitante; podía evidentemente juzgar al padre con la misma condescendencia que un momento antes había usado para mediar por los hijos.[18] "Astillas de un mismo palo",[19] tal vez pensaron esos ojos, uno de los cuales parecía más apagado[20] que el otro, como si se hubiesen cansado desigualmente[21] de ver el absurdo espectáculo de vivir.

—Pepe me contó cómo se encontraron ayer, después de tanto tiempo.

—Casi treinta años. ¡Toda una vida! O media vida, si se quiere, ya que la nuestra está irremediablemente partida por la mitad. Y luego este encuentro casual, casualísimo.

—Es que Buenos Aires es una ciudad increíble. Vivir como quien

[12] **Ahí . . . Judas** She's a really trying child.
[13] **rictus** convulsive grin.
[14] **ya . . . calmar** nothing could fill up any longer.
[15] **que . . . desafinar** that maternity and her forty years had left less shapely.
[16] **otra . . . casa** now once again the housewife.
[17] **si lo conoceré** you bet I do! (know him).
[18] **para . . . hijos** to intervene on behalf of the children.
[19] **"Astillas . . . palo"** "Chips off the old block."
[20] **más apagado** dimmer.
[21] **como si . . . desigualmente** as if they had tired at different times.

dice[22] a la vuelta de la esquina, y no saber nada el uno del otro. Es ya el colmo,[23] ¿no le parece?

—Es que yo en realidad salgo poco, señora, por lo que ando bastante desconectado de mis connacionales.[24] Hemos llegado a ser muchos aquí, población casi dos veces mayor que la de la propia Asunción.[25] No podemos frecuentarnos demasiado.

—Pero usted y Pepe fueron compañeros de armas,[26] ¿no es así?

—De la misma promoción.

—Pepe no solía hablar mucho de usted . . . —una súbita pausa y el gesto de friccionarse el cuello orillaron el peligro de una indiscreción[27]—. Y ahora está muy contento de haberlo reencontrado. También hay que decir que ustedes los paraguayos son un poco raros, ¿verdad? Nunca se puede conocerlos del todo.

El visitante rió entre los reflejos ambarinos del bastón que hacía oscilar delante de los ojos; el más vivo no parpadeaba, como si estuviera en constante alerta.

—Con nosotros vive ahora otro compatriota de ustedes, también desterrado. Un muchacho periodista, muy inteligente y despierto—la actitud de ansiedad y contención produjo otra pausa.

—Sí, Ibáñez me habló de él. El destierro es la ocupación casi exclusiva de los paraguayos. A algunos les resulta muy productiva—ironizó el visitante; el chillido sordo y sostenido de una boca aplastada contra la mesa, lo interrumpió.

—¡Alicia! . . . ¡Voy a acabar encerrándote en el baño! Y ustedes dos, al patio, ¡vamos!

Salieron como dos encapuchados.

—Usted ve. No dejan en paz un solo momento. —Y luego cambiando de voz: —Le traeré el copetín[28] mientras tanto.

—Mejor lo espero a Ibáñez.

El tufo[29] de alguna comida que se estaba quemando, invadió el living.

[22] **como quien dice** as the expression goes.
[23] **Es . . . colmo** That beats all.
[24] **connacionales** fellow countrymen (i.e., Paraguayans).
[25] **Asunción** capital of Paraguay.
[26] **compañeros de armas** in the army together.
[27] **orillaron . . . indiscreción** skirted around the danger of (having committed) an indiscretion.
[28] **el copetín** something to drink.
[29] **tufo** unpleasant odor.

—Si usted me permite un momento . . .

—¡Por favor, señora! Atienda no más.[30]

La dueña de casa acudió hacia la chamusquina; se la oyó refunfuñar a la cocinera entre un golpear de cacharros sacados a escape del horno y luego chirriando en el agua de la pileta.[31]

El visitante se levantó y se aproximó a la mesa; puso una mano sobre la cabeza de la niña, que no dejó de dibujar.

—Así que te llamas Alicia.

—Sí. Pero es un nombre que a mí no me gusta.

—¿Y qué nombre te hubiera gustado?

—No sé. Cualquier otro. Me gustaría tener muchos nombres, uno para cada día. Tengo varios, pero no me alcanzan. Los chicos me llaman Pimpi, de Pimpinela Escarlata.[32] Papá, cuando está enojado, me llama *Añá* que en guaraní quiere decir diablo. En el colegio me llaman La Rueda. Pero el que más me gusta es *Luba*.

—¿Luba?—el visitante retiró la mano—. Y ese nombre, ¿qué significa?

—Es una palabra mágica. Me lo enseñó una gitana. Pero nadie me llama así. Sólo yo, cuando hablo a solas conmigo . . .—se quedó un instante mirando al hombre con los ojos forzadamente bizcos; parecía decapitada al borde de la mesa.

El visitante sonreía.

—Y ese ojo que usted tiene, es de vidrio, ¿no?

—Sí. ¿En qué lo has notado?

—En que uno es un ojo y el otro una ventana detrás de la cual no mira nadie. —Pero ya la niña estaba de nuevo absorta en su trabajo copiando otra lámina. Tal vez era la misma, pero ahora cambiada. Además del niño, con la sombra de un objeto redondo sobre la cabeza, surgía ahora la figura de un hombre en un ángulo del cuaderno, con el esbozo de un arco en las manos.

El visitante se inclinó, y a través de la rampa abierta de pronto por la mano de la niña se precipitó lejos de allí,[33] hacia un parque, en la madrugada, con árboles oscuros y esfumados por la llovizna, hacia dos hombres que se batían haciendo entrechocar y resplandecer los sables, que no habían

[30] **Atienda no más.** Go right ahead.

[31] **chirriando . . . pileta** sizzling in the water of the sink.

[32] **Pimpinela Escarlata** Scarlet Pimpernell, a romantic hero in a series of novels by Baroness Orczy (1865-1947).

[33] **a . . . allí** along the slope created by the girl's hand he projected himself far away.

cesado de batirse y que ahora, a lo largo de los años, ya no sabían qué hacer de la antigua furia tan envejecida como ellos. Por la ventana ve a dos chicos que disparan sus flechas sobre un pájaro disecado puesto como blanco[34] sobre el césped. Contempla sus sombras moviéndose contra la blanca pared. Con un leve chasquido,[35] que no se escucha pero que se ve en la vibración del chasquido, las flechas se clavan en abanico[36] sobre ese pájaro ecuatorial[37] que va emergiendo de las reverberaciones. A cada chasquido gira un poco, da un saltito sobre el césped, pesado para volar por esa cola de flechas que va emplumando bajo el sol. Y otra vez, los hombres, a lo lejos. Uno de ellos se lleva la mano a la cara ensangrentada, al ojo vaciado por la punta del sable del adversario, al ojo que cuelga del nervio en la repentina oscuridad.

Sonó el timbre, pero en seguida la puerta se abrió y entró el dueño de casa buscando con los ojos a su alrededor, buscando afianzarse[38] en una atmósfera de la que evidentemente había perdido el dominio hacía mucho tiempo, pero que aún le daba la ilusión de dominio. El otro tardó un poco en reponerse y acudió a su encuentro. La niña miraba en dirección al padre, enfurruñada sobre[39] el dibujo que la mano del visitante había estrujado como una garra.[40] Luego atravesó con la punta del lápiz al arrugado niño de la manzana. Esa manzana que un rato después la pequeña Luba ofrecerá a los hermanos que estarán flechando el limonero del patio sin errar una sola vez las frutitas amarillas, y les dirá con el candor de siempre y la nariz palpitante:

—A que no son capaces de darle[41] a ésta a veinte pasos.

—Bah, ¿qué problema? Es más grande que un limón.

—Y a ésos los estamos clavando desde más lejos—añadirá el más chico.

—Pero yo digo sobre la cabeza de uno de ustedes—dirá ella mirando a lo lejos delante de sí.

—Por qué no—dirá el mayor tomándole la manzana y pasándola al otro—. Primero vos, después yo.

[34] **puesto . . . blanco** set out as a target.
[35] **chasquido** cracking sound.
[36] **en abanico** in a fan-like shape.
[37] **pájaro ecuatorial** a bird from the equatorial region (*i.e.,* with exotic plumage).
[38] **afianzarse** to accommodate himself.
[39] **enfurruñada sobre** angrily bent over.
[40] **había . . . garra** had crushed like a claw.
[41] **A . . . darle** I'll bet you can't hit.

El más chico se plantará en medio del patio con la manzana sobre la coronilla.[42] El otro apuntará sin apuro y amagará[43] varias veces el tiro como si quisiera hacer rabiar a la hermana. En los ojos de Luba se ve que la flecha sale silbando y se incrusta no en la manzana sino en un alarido,[44] se ve la sombra del más chico retorciéndose contra la cegadora blancura de la tapia. Pero ella no tiene apuro, mirará sin pestañear el punto rojo que oscilará sobre la cabeza del más chico, parado bajo el sol, esperando.

EXERCISES

A. Questions

1. ¿Por qué no pudieron los dos chicos molestar a su hermana?
2. ¿Qué explica la reacción impávida de Alicia frente a las molestias de sus hermanos?
3. ¿Qué opinión tenía la madre de su hija?
4. ¿Qué había hecho la chica con el canario?
5. ¿Qué relación tiene el visitante con José Félix, el padre?
6. ¿Por qué se fue a la cocina la madre?
7. ¿Qué escena le recuerda al visitante el dibujo de Alicia?
8. ¿Qué están haciendo los hermanos de Alicia en el patio?
9. ¿Por qué estrujó el visitante el dibujo de Alicia?
10. ¿Qué escena se imagina Alicia con sus hermanos, la manzana y la flecha?

[42] **coronilla** crown (of the head).
[43] **amagará** will feign.
[44] **alarido** scream.

B. Translation

Using the verbs in the right-hand column, translate the sentences into Spanish.

1. a) Alicia pays no attention to her brothers' jokes. — **hacer caso de**
   b) When she entered, no one took note of her.
2. a) The boys didn't cease trying to interrupt her work. — **dejar de**
   b) Don't fail to write me from Mexico.
3. a) The visitor moved close to the table where Alicia was drawing. — **aproximarse**
   b) Summer vacation is approaching!
4. a) José won't be much longer in arriving. — **tardar en**
   b) I spent two hours writing that letter.
5. a) Pepe didn't customarily talk to his wife about his old friend. — **soler**
   b) What time do you usually get up?
6. a) Pepe and his friend from the army ran into each other by chance in Buenos Aires. — **encontrarse**
   b) Manuel and I often used to run into each other at parties.
7. a) Luba was working eagerly on her drawings. — **afanarse**
   b) Who is that person working so hard with the book of illustrations?
8. a) It was necessary to wait for José to arrive from the factory. — **haber que**
   b) It will be necessary to speak to Mr. Ibáñez.
9. a) According to the visitor, exile turned out to be very productive for some Paraguayans. — **resultar**
   b) It appears that nobody has accepted our invitation.
10. a) He leaned over and examined Luba's illustration. — **inclinarse**
    b) The visitor bows and leaves.

C. Drill on Expressions

From the expressions on the right, select the one which best translates the word(s) in italics.

1. Traté de terminar temprano, pero *unsuccessfully.*
2. Tiró el dibujo a la basura y empezó *again.*
3. Sí, señor, *right away.*
4. Podíamos ver las primeras montañas *in the distance.*
5. Él no es malo; *that is to say,* no quiere ser malo.
6. He olvidado *completely* lo que me dijo.
7. Está bien, *maybe* lleguemos un poco tarde.
8. ¿Me quieres *really?*
9. *So* has decidido casarte, ¿verdad?
10. Toma *at least* una taza de café con nosotros.

es decir
de veras
al menos
por completo
tal vez
así que
de nuevo
en seguida
sin éxito
a lo lejos

D. "Context" Exercise (oral or written)

Express the ideas described in the following sentences in Spanish, avoiding a word-for-word translation. The purpose is to think in Spanish and create your own statement.

1. Say that the two brothers didn't want their sister to go on drawing.
2. Say that you are going to ignore your brothers completely.
3. Explain that when you were young, you always showed respect for company.
4. Say that your uncle's children have always been unbearable.
5. Say that you bet Susana can't copy an illustration as well as you.

E. Review Exercise

The following verbs from *La flecha y la manzana* also appeared in earlier selections. Compose questions with them; then answer the questions.

acudir, dejar de, ignorar, inclinarse

Translate the following verbs. What nouns are related to each of them?

animar, copiar, invadir

Mario Vargas Llosa

EL HERMANO MENOR

PERU: A Tragic Pursuit in the Mountains

MARIO VARGAS LLOSA (1936-) was born in Arequipa, Peru and educated in Bolivia and, later in Peru, at the Leoncio Prado school. That institution provides the setting for his first novel, *La ciudad y los perros* (1963), a harsh account of life at a strictly regimented boys' academy. His subsequent novels, especially *La casa verde* (1967), have established him as one of the foremost prose writers of Spanish America today.

Unlike many other writers of the "new narrative" trend, Vargas Llosa has generally avoided imaginative and fanciful literary techniques and has concentrated on experimenting with an essentially realistic approach to storytelling. *El hermano menor,* one of his earliest published pieces, is taken from the short story collection, *Los jefes* (1958). It deals with a common theme in Latin American literature — the struggle between civilization and barbarism. Juan, educated in the city, returns with his enlightened ideas to the mountainous region of his childhood and soon recognizes primitive attitudes and behavior in his older brother, David, who has remained in the backlands to oversee the family estate. The conflict between them develops in the course of the grim mission they undertake. The story's climax suggests a victory for Juan's liberal ideas, but it is apparent that the prejudices he is combatting will be modified only very slowly, if at all.

EL HERMANO MENOR

Al lado del camino había una enorme piedra y, en ella, un sapo; David le apuntaba cuidadosamente.

— No dispares — dijo Juan.

David bajó el arma y miró a su hermano, sorprendido.

— Puede oír los tiros — dijo Juan.

— ¿Estás loco? Faltan cincuenta kilómetros para la cascada.

— A lo mejor[1] no está en la cascada — insistió Juan — sino en las grutas.

— No — dijo David — . Además, aunque estuviera, no pensará nunca que somos nosotros.

El sapo continuaba allí, respirando calmadamente con su inmensa bocaza abierta, y detrás de sus lagañas, observaba a David con cierto aire malsano. David volvió a levantar el revólver, tomó la puntería con lentitud y disparó.

— No le diste[2] — dijo Juan.

— Sí le di.

Se acercaron a la piedra. Una manchita verde delataba el lugar donde había estado el sapo.

— ¿No le di?

— Sí — dijo Juan — , sí le diste.

Caminaron hacia los caballos. Soplaba el mismo viento frío y punzante que los había escoltado durante el trayecto, pero el paisaje comenzaba a

[1] **A lo mejor** Maybe.
[2] **No le diste** You missed him.

cambiar: el sol se hundió tras los cerros, al pie de una montaña una imprecisa sombra disimulaba los sembríos, las nubes enroscadas a las cumbres más próximas habían adquirido el color gris oscuro de las rocas. David echó sobre sus hombros la manta que había extendido en la tierra para descansar y luego, maquinalmente, reemplazó en su revólver la bala disparada. A hurtadillas,[3] Juan observó las manos de David cuando cargaban el arma y la arrojaban a su funda; sus dedos no parecían obedecer a una voluntad, sino actuar solos.

—¿Seguimos? —dijo David.

Juan asintió.

El camino era una angosta cuesta y los animales trepaban con dificultad, resbalando constantemente en las piedras, húmedas aún por las lluvias de los últimos días. Los hermanos iban silenciosos. Una delicada e invisible garúa[4] les salió al encuentro a poco de partir, pero cesó pronto. Oscurecía cuando avistaron las grutas, el cerro chato y estirado como una lombriz que todos conocen con el nombre de Cerro de los Ojos.

— ¿Quieres que veamos si está ahí? —preguntó Juan.

—No vale la pena. Estoy seguro que no se ha movido de la cascada. Él sabe que por aquí podrían verlo, siempre pasa alguien por el camino.

—Como quieras —dijo Juan.

Y un momento después preguntó:

—¿Y si hubiera mentido el tipo ese?[5]

—¿Quién?

—El que nos dijo que lo vio.

—¿Leandro? No, no se atrevería a mentirme a mí. Dijo que está escondido en la cascada y es seguro que ahí está. Ya verás.

Continuaron avanzando hasta entrada la noche. Una sábana negra los envolvió y en la oscuridad, el desamparo de esa solitaria región sin árboles ni hombres era visible sólo en el silencio, que se fue acentuando hasta convertirse en una presencia semi-corpórea. Juan, inclinado sobre el pescuezo de su cabalgadura,[6] procuraba distinguir la incierta huella del sendero. Supo que habían alcanzado la cumbre cuando, inesperadamente, se hallaron en terreno plano. David indicó que debían continuar a pie. Desmontaron, amarraron los animales a unas rocas. El hermano mayor tiró de las crines de su caballo, lo palmeó varias veces en el lomo y murmuró a su oído:

[3] **A hurtadillas** On the sly.
[4] **garúa** drizzle.
[5] **el tipo ése** that guy.
[6] **pescuezo . . . cabalgadura** horse's neck.

—Ojalá no te encuentre helado, mañana.

—¿Vamos a bajar ahora? —preguntó Juan.

—Sí —repuso David—. ¿No tienes frío? Es preferible esperar el día en el desfiladero. Allá descansaremos. ¿Te da miedo bajar a oscuras?

—No. Bajemos, si quieres.

Iniciaron el descenso de inmediato. David iba adelante, llevaba una pequeña linterna y la columna de luz oscilaba entre sus pies y los de Juan, el círculo dorado se detenía un instante en el sitio que debía pisar el hermano menor. A los pocos minutos, Juan transpiraba[7] abundantemente y las rocas ásperas de la ladera habían llenado sus manos de rasguños. Sólo veía el disco iluminado frente a él, pero sentía la respiración de su hermano y adivinaba sus movimientos: debía avanzar sobre el resbaladizo declive muy seguro de sí mismo, sortear los obstáculos sin dificultad. Él, en cambio, antes de cada paso, tanteaba la solidez del terreno y buscaba un apoyo al que asirse[8]; aún así, en varias ocasiones estuvo a punto de caer. Cuando llegaron a la sima,[9] Juan pensó que el descenso tal vez había demorado varias horas. Estaba exhausto y, ahora, oía muy cerca el ruido de la cascada. Esta era una grande y majestuosa cortina de agua que se precipitaba desde lo alto, retumbando como los truenos, sobre una laguna que alimentaba un riachuelo. Alrededor de la laguna había musgo y hierbas todo el año y ésa era la única vegetación en veinte kilómetros a la redonda.[10]

—Aquí podemos descansar— dijo David.

Se sentaron uno junto al otro. La noche estaba fría, el aire húmedo, el cielo cubierto. Juan encendió un cigarrillo. Se hallaba fatigado, pero sin sueño. Sintió a su hermano estirarse y bostezar; poco después dejaba de moverse, su respiración era más suave y metódica, de cuando en cuando emitía una especie de murmullo. A su vez, Juan trató de dormir. Acomodó su cuerpo lo mejor que pudo sobre las piedras e intentó despejar su cerebro, sin conseguirlo. Encendió otro cigarrillo. Cuando llegó a la hacienda, tres meses atrás, hacía dos años que no veía a sus hermanos. David era el mismo hombre que aborrecía y admiraba desde niño, pero Leonor había cambiado, ya no era aquella criatura que se asomaba a las ventanas de La Mugre[11] para arrojar piedras a los indios castigados, sino

[7] **transpiraba** was perspiring.

[8] **un apoyo . . . asirse** a support to grab hold of.

[9] **sima** chasm.

[10] **en . . . redonda** within twenty kilometers.

[11] **que . . . Mugre** who used to clumb up to the windows of La Mugre. (This building where Indians are confined as punishment is called, literally "The Filth House."

una mujer alta, de gestos primitivos y su belleza tenía, como la naturaleza que la rodeaba, algo de brutal. En sus ojos había aparecido un intenso fulgor. Juan sentía un mareo que empañaba sus ojos, un vacío en el estómago, cada vez que asociaba la imagen de aquél que buscaban[12] al recuerdo de su hermana, y como arcadas de furor.[13] En la madrugada de ese día, sin embargo, cuando vio a Camilo cruzar el descampado que separaba la casa-hacienda de las cuadras, para alistar los caballos, había vacilado.

—Salgamos sin hacer ruido—había dicho David—. No conviene que la pequeña se despierte.

Estuvo con una extraña sensación de ahogo, como en el punto más alto de la Cordillera,[14] mientras bajaba en puntas de pie las gradas[15] de la casa-hacienda y en el abandonado camino que flanqueaba los sembríos; casi no sentía la maraña zumbona[16] de mosquitos que se arrojaban atrozmente sobre él, y herían, en todos los lugares descubiertos, su piel de hombre de ciudad. Al iniciar el ascenso de la montaña, el ahogo desapareció. No era un buen jinete y el precipicio desplegado como una tentación terrible al borde del sendero que parecía una delgada serpentina, lo absorbió. Estuvo todo el tiempo vigilante, atento a cada paso de su cabalgadura y concentrando su voluntad contra el vértigo que creía inminente.

—¡Mira!

Juan se estremeció.

—Me has asustado—dijo—. Creía que dormías.

—¡Cállate! Mira.

—¿Qué?

—Allá. Mira.

A ras de tierra,[17] allí donde parecía nacer el estruendo de la cascada, había una lucecita titilante.

—Es una fogata—dijo David—. Juro que es él. Vamos.

—Esperemos que amanezca—susurró Juan: de golpe su garganta se había secado y le ardía—. Si se echa a correr, no lo vamos a alcanzar nunca en estas tinieblas.

—No puede oírnos con el ruido salvaje del agua—respondió David, con voz firme, tomando a su hermano del brazo—. Vamos.

[12] **aquél que buscaban** the man they were looking for.
[13] **como . . . furor** something like a nauseous rage.
[14] **Cordillera** the Andes mountain range.
[15] **bajaba . . . gradas** tiptoed down the steps.
[16] **maraña zumbona** buzzing cloud.
[17] **A ras de tierra** Close to the ground.

Muy despacio, el cuerpo inclinado como para saltar, David comenzó a deslizarse pegado al cerro. Juan iba a su lado, tropezando, los ojos clavados en la luz que se empequeñecía y agrandaba como si alguien etsuviese abanicando la llama. A medida que los hermanos se acercaban, el resplandor de la fogata les iba descubriendo el terreno inmediato, pedruscos, matorrales, el borde de la laguna, pero no una forma humana. Juan estaba seguro ahora, sin embargo, que aquél que perseguían estaba allí, hundido en esas sombras, en un lugar muy próximo a la luz.

—Es él—dijo David—. ¿Ves?

Sólo por un instante, las frágiles lenguas de fuego habían iluminado un perfil oscuro y huidizo que buscaba calor.

—¿Qué hacemos?—murmuró Juan, deteniéndose. Pero David no estaba ya a su lado, corría hacia el lugar donde había surgido ese rostro fugaz.

Juan cerró los ojos, imaginó al indio en cuclillas,[18] sus manos alargadas hacia el fuego, sus pupilas irritadas por el chisporroteo de la hoguera, de pronto algo le caía encima y él atinaba a pensar en un animal, cuando sentía dos manos violentas cerrándose en su cuello y comprendía. Debió sentir un infinito terror ante esa agresión inesperada que provenía de la sombra, seguro que ni siquiera intentó defenderse, a lo más[19] se encogería como un caracol para hacer menos vulnerable su cuerpo y abiría mucho los ojos, esforzándose por ver en las tinieblas al asaltante. Entonces, reconocería su voz: "¿qué has hecho, canalla?" "¿qué has hecho, gusano?" Juan oía a David[20] y se daba cuenta que lo estaba pateando, a veces sus puntapiés parecían estrellarse no contra el indio, sino en las piedras de la ribera; eso debía encolerizarlo más. Al principio, hasta Juan llegaba un gruñido lento, como si el indio hiciera gárgaras, pero después sólo oyó la voz enfurecida de David, sus amenazas, sus insultos. De pronto, Juan descubrió en su mano derecha el revólver, su dedo presionaba ligeramente el gatillo. Con estupor pensó que si disparaba podía matar también a su hermano, pero no guardó el arma[21] y, al contrario, mientras avanzaba hacia la fogata, sintió una gran serenidad.

—¡Basta, David!—gritó—. Tírale un balazo. Ya no le pegues.

[18] **en cuclillas** squatting. (What follows here is Juan's imagining of how the Indian might experience what is about to happen to him. This is a surprising show of empathy on Juan's part.)

[19] **a lo más** at most.

[20] **Juan oía a David.** Juan heard David. (Here the narrative moves from Juan's imagination to what is actually happening.)

[21] **no guardó el arma** he didn't put the weapon away.

No hubo respuesta. Ahora Juan no los veía: el indio y su hermano, abrazados, habían rodado fuera del anillo iluminado por la hoguera. No los veía, pero escuchaba el ruido seco de los golpes y, a ratos, una injuria o un hondo resuello.

—David —gritó Juan—, sal de ahí. Voy a disparar.

Presa de intensa agitación, segundos después repitió:

—Suéltalo, David. Te juro que voy a disparar.

Tampoco hubo respuesta.

Después de disparar el primer tiro, Juan quedó un instante estupefacto, pero de inmediato continuó disparando, sin apuntar, hasta sentir la vibración metálica del percutor al golpear la cacerina vacía. Permaneció inmóvil, no sintió que el revólver se desprendía de sus manos y caía a sus pies. El ruido de la cascada había desaparecido, un temblor recorría todo su cuerpo, su piel estaba bañada de sudor, apenas respiraba. De pronto gritó:

—¡David!

—Aquí estoy, animal— contestó a su lado, una voz asustada y colérica—. ¿Te das cuenta que has podido balearme a mí también? ¿Te has vuelto loco?

Juan giró sobre sus talones, las manos extendidas y abrazó a su hermano. Pegado a él, balbuceaba cosas incomprensibles, gemía y no parecía entender las palabras de David, que trataba de calmarlo. Juan estuvo un rato largo repitiendo incoherencias, sollozando. Cuando se calmó, recordó al indio:

—¿Y ése, David?

¿Ése?— David había recobrado su aplomo; hablaba con voz firme—. ¿Cómo crees que está?

La hoguera continuaba encendida, pero alumbraba muy débilmente. Juan cogió el leño más grande y buscó al indio. Cuando lo encontró, estuvo observando un momento con ojos fascinados y luego el leño cayó a tierra y se apagó.

—¿Has visto, David?

—Sí, he visto. Vámonos de aquí.

Juan estaba rígido y sordo, como en un sueño sintió que David lo arrastraba hacia el cerro. La subida les tomó mucho tiempo. David sostenía con una mano la linterna y con la otra a Juan, que parecía de trapo: resbalaba aún en las piedras más firmes y se escurría hasta el suelo, sin reaccionar. En la cima se desplomaron, agotados. Juan hundió la cabeza en sus brazos y permaneció tendido, respirando a grandes bocanadas. Cuando se incorporó, vio a su hermano, que lo examinaba a la luz de la linterna.

—Te has herido—dijo David—. Voy a vendarte.

Rasgó en dos su pañuelo y con cada uno de los retazos vendó las rodillas de Juan, que asomaban a través de los desgarrones del pantalón, bañadas en sangre.

—Esto es provisional—dijo David—. Regresemos de una vez. Pueden infectarse. No estás acostumbrado a trepar cerros. Leonor te curará.

Los caballos tiritaban y sus hocicos estaban cubiertos de espuma azulada. David los limpió con su mano, los acarició en el lomo y en las ancas, chasqueó tiernamente la lengua junto a sus orejas. "Ya vamos a entrar en calor", les susurró.

Cuando montaron, amanecía. Una claridad débil abarcaba el contorno de los cerros y una laca blanca se extendía por el entrecortado horizonte, pero los abismos continuaban sumidos en la oscuridad. Antes de partir, David tomó un largo trago de su cantimplora y la alcanzó a Juan, que no quiso beber. Cabalgaron toda la mañana por un paisaje hostil, dejando a los animales imprimir a su capricho el ritmo de la marcha. Al mediodía, se detuvieron y prepararon café. David comió algo del queso y las habas que Camilo había colocado en las alforjas. Al anochecer avistaron dos maderos que formaban un aspa.[22] Colgaba de ellos una tabla donde se leía "La Aurora".[23] Los caballos relincharon: reconocían la señal que marcaba el límite de la hacienda.

—Vaya—dijo David—. Ya era hora. Estoy rendido. ¿Cómo van esas rodillas?

Juan no contestó.

—¿Te duelen?—insistió Juan.

—Mañana me largo a Lima—dijo Juan.

—¿Qué cosa?[24]

—No volveré a la hacienda. Estoy harto de la sierra. Viviré siempre en la ciudad. No quiero saber nada[25] con el campo.

Juan miraba al frente,[26] eludía los ojos de David que lo buscaban.

—Ahora estás nervioso—dijo David—. Es natural. Ya hablaremos después.

—No—dijo Juan—. Hablemos ahora.

—Bueno—dijo David suavemente—. ¿Qué te pasa?

[22] **Al . . . aspa** At nightfall they sighted two beams set in the form of a cross.
[23] **"La Aurora"** (The name of the family ranch.)
[24] **¿Qué cosa?** How's that?
[25] **No . . . nada** I don't want to have anything to do.
[26] **al frente** straight ahead.

Juan se volvió hacia su hermano; tenía el rostro demacrado, la voz hosca.

—¿Qué me pasa? ¿Te das cuenta de lo que dices? ¿Te has olvidado del tipo de la cascada? Si me quedo en la hacienda voy a terminar creyendo que es normal hacer cosas así.

Iba a agregar "como tú", pero no se atrevió.

—Era un perro infecto —dijo David—. Tus escrúpulos son absurdos. ¿Acaso te has olvidado lo que le hizo a tu hermana?

El caballo de Juan se plantó en ese momento y comenzó a corcovear y alzarse sobre las patas traseras.

—Se va a desbocar, David —dijo Juan.

—Suéltale las riendas. Lo estás ahogando.

Juan aflojó las riendas y el animal se calmó.

—No me has respondido —dijo David—. ¿Te has olvidado por qué fuimos a buscarlo?

—No —contestó Juan—. No me he olvidado.

Dos horas después llegaban a la cabaña de Camilo, construída sobre un promontorio, entre la casa-hacienda y las cuadras. Antes que los hermanos se detuvieran, la puerta de la cabaña se abrió y en el umbral apareció Camilo. El sombrero de paja en la mano, la cabeza respetuosamente inclinada, avanzó hacia ellos y se paró entre los dos caballos, cuyas riendas sujetó.

—¿Todo bien? —dijo David.

Camilo movió la cabeza negativamente.

—La niña Leonor . . .[27]

—¿Qué le ha pasado a Leonor? —interrumpió Juan, incorporándose en los estribos.

En su lenguaje pausado y confuso, Camilo explicó que la niña Leonor, desde la ventana de su cuarto, había visto a los hermanos partir en la madrugada y que, cuando ellos se hallaban apenas a unos mil metros de la casa, había aparecido en el descampado, con botas y pantalón de montar, ordenando a gritos que le prepararan su caballo. Camilo, siguiendo las instrucciones de David, se negó a obedecerla. Ella misma entonces, entró decididamente a las cuadras y, como un hombre, alzó con sus brazos la montura, las mantas y los aperos sobre el Colorado, el más pequeño y nervioso animal de "La Aurora", que era su preferido.

Cuando se disponía a montar, las sirvientas de la casa y el propio Camilo

[27] **La niña Leonor** (It is common usage for servants to refer to the daughter of their employer as "la niña," *i.e.*, "mistress".)

la habían sujetado: durante mucho rato soportaron los insultos y los golpes de la niña, que, exasperada, se debatía y suplicaba y exigía que le dejaran marchar tras sus hermanos.

— Pero — lo contuvo David — , ¿acaso ella sabía que nosotros? . . .

Siempre lentamente, cuidando de seleccionar las palabras y darles en todo momento un giro humilde y respetuoso, Camilo replicó que la niña sí sabía dónde habían ido sus hermanos.

— ¡Ah, me las pagará![28] — dijo David — . Fue Jacinta, estoy seguro. Nos oyó hablar esa noche con Leandro, cuando servía la mesa. Ella ha sido.

La niña había quedado muy impresionada, continuó Camilo. Luego de injuriar y arañar a las criadas y a él mismo, comenzó a llorar a grandes voces, y regresó a la casa. Allí permaneció, desde entonces, encerrada en su cuarto.

Los hermanos abandonaron los caballos a Camilo y se dirigieron a la casa.

— Leonor no debe saber una palabra — dijo Juan.

— Claro que no — dijo David — . Ni una palabra.

Leonor supo que habían llegado por el ladrido de los perros. Estaba semidormida cuando un ronco gruñido cortó la noche y bajo su ventana pasó, como una exhalación, un animal acezante.[29] Era Spoky, advirtió su carrera frenética y sus inconfundibles aullidos. En seguida escuchó el trote perezoso y el sordo rugido de Domitila, la perrita preñada. La agresividad de los perros terminó bruscamente, a los ladridos sucedió el jadeo afanoso con que recibían siempre a David. Por una rendija vio a sus hermanos acercarse a la casa y oyó el ruido de la puerta principal que se abría y cerraba. Esperó que subieran la escalera y llegaran a su cuarto. Cuando abrió, Juan estiraba la mano para tocar.

— Hola, pequeña — dijo David.

Dejó que la abrazaran y les alcanzó la frente, pero ella no los besó. Juan encendió la lámpara.

— ¿Por qué no me avisaron? Han debido decirme. Yo quería alcanzarlos, pero Camilo no me dejó. Tienes que castigarlo, David, si vieras cómo me agarraba, es un insolente y un bruto. Yo le rogaba que me soltara y él no me hacía caso.

Había comenzado a hablar con energía, pero su voz se quebró. Tenía los cabellos revueltos y estaba descalza. David y Juan trataban de calmarla, le acariciaban los cabellos, le sonreían, la llamaban pequeñita.

[28] **me las pagará** she'll pay for this!
[29] **bajo . . . acezante** under her window a panting animal raced by.

—No queríamos inquietarte—explicaba David.—Además, decidimos partir a última hora. Tú dormías ya.

—¿Qué ha pasado?—dijo Leonor.

Juan cogió una manta del lecho y con ella cubrió a su hermana. Leonor había dejado de llorar. Estaba pálida, tenía la boca entreabierta y su mirada era ansiosa.

—Nada—dijo David—. No ha pasado nada. No lo encontramos.

La tensión desapareció del rostro de Leonor, en sus labios hubo una expresión de alivio.

—Pero lo encontraremos—dijo David. Con un gesto vago indicó a Leonor que debía acostarse. Luego dio media vuelta.

—Un momento, no se vayan—dijo Leonor.

Juan no se había movido.

—¿Sí?—dijo David—. Qué pasa, chiquita?

—No lo busquen más a ése.

—No te preocupes—dijo David—, olvídate de eso. Es un asunto de hombres. Déjanos a nosotros.

Entonces Leonor rompió a llorar nuevamente, esta vez con grandes aspavientos. Se llevaba las manos a la cabeza, todo su cuerpo parecía electrizado y sus gritos alarmaron a los perros, que comenzaron a ladrar al pie de la ventana. David le indicó a Juan con un gesto que interviniera, pero el hermano menor permaneció silencioso e inmóvil.

—Bueno, chiquita—dijo David—. No llores. No lo buscaremos.

—Mentira, lo vas a matar. Yo te conozco.

—No lo haré—dijo David—. Si crees que ese miserable[30] no merece un castigo . . .

No me hizo nada—dijo Leonor, muy rápido, mordiéndose los labios.

—No pienses más en eso—insistió David—. Nos olvidaremos de él. Tranquilízate, pequeña.

Leonor seguía llorando, sus mejillas y sus labios estaban mojados y la manta había rodado al suelo.

—No me hizo nada—repitió—. Era mentira.

—¿Sabes lo que dices?—dijo David.

—Yo no podía soportar que me siguiera a todas partes—balbuceaba Leonor—. Estaba tras de mí[31] todo el día, como una sombra.

—Yo tengo la culpa—dijo David, con amargura—. Es peligroso que una mujer ande suelta por el campo. Le ordené que te cuidara. No debía fiarme de un indio. Todos son iguales.

[30] **ese miserable** that wretch
[31] **Estaba tras de mí** He was at my back.

—No me hizo nada, David—clamó Leonor—. Créeme, te estoy diciendo la verdad. Pregúntale a Camilo, él sabe que no pasó nada. Por eso lo ayudó a escaparse. ¿No sabías eso? Sí, él fue. Yo se lo dije. Sólo quería librarme de él, por eso inventé esa historia. Camilo sabe todo, pregúntale.

Leonor se secó las mejillas con el dorso de la mano. Levantó la manta y la echó sobre sus hombros. Parecía haberse librado de una pesadilla.

—Mañana hablaremos de esto—dijo David—. Ahora estamos cansados. Hay que dormir.

—No—dijo Juan.

Leonor descubrió a su hermano muy cerca de ella: había olvidado que Juan también se hallaba allí. Tenía la frente llena de arrugas, las aletas de su nariz palpitaban como el hociquito de Spoky.[32]

—Vas a repetir ahora mismo lo que has dicho—le decía Juan, de un modo extraño—. Vas a repetir cómo nos mentiste.

—Juan—dijo David—. Supongo que no vas a creerle. Es ahora que trata de engañarnos.

—He dicho la verdad—rugió Leonor; miraba alternativamente a los hermanos—. Ese día le ordené que me dejara sola y no quiso. Fui hasta el río y él detrás de mí. Ni siquiera podía bañarme tranquila. Se quedaba parado, mirándome torcido,[33] como los animales. Entonces vine y les conté eso.

—Espera, Juan—dijo David—. ¿Dónde vas? Espera.

Juan había dado media vuelta y se dirigía hacia la puerta; cuando David trató de detenerlo, estalló. Como un endemoniado comenzó a proferir improperios: trató de puta a su hermana y a su hermano de canalla y de déspota,[34] dio un violento empujón a David que quería cerrarle el paso,[35] y abandonó la casa a saltos, dejando un reguero de injurias.[36] Desde la ventana, Leonor y David lo vieron atravesar el descampado a toda carrera,[37] vociferando como un loco, y lo vieron entrar a las cuadras y salir poco después montando a pelo el Colorado. El mañoso caballo de Leonor siguió dócilmente la dirección que le indicaban los inexpertos puños que tenían sus riendas: caracoleando con elegancia, cambiando de paso y agitando las crines rubias de la cola como un abanico, llegó hasta el borde

[32] **las . . . Spoky** his nostrils were trembling like Spoky's snout.
[33] **mirándome torcido** watching me slyly.
[34] **trató . . . déspota** he called his sister a slut and his brother a beast and a despot.
[35] **que . . . paso** who was trying to block his way.
[36] **abandonó . . . injurias** he went running out of the house, leaving behind a trail of insults.
[37] **lo . . . carrera** they saw him race across the clearing.

del camino que conducía, entre montañas, desfiladeros y extensos arenales, a la ciudad. Allí se rebeló. Se irguió de golpe en las patas traseras relinchando, giró como una bailarina y regresó al descampado, velozmente.

—Lo va a tirar— dijo Leonor.

—No— dijo David, a su lado—. Fíjate. Se sostiene.

Muchos indios habían salido a las puertas de las cuadras y contemplaban, asombrados, al hermano menor que se mantenía increíblemente seguro sobre el caballo y a la vez[38] taconeaba con ferocidad sus ijares y le golpeaba la cabeza con uno de sus puños. Exasperado por los golpes, el Colorado iba de un lado a otro, encabritado, brincaba, emprendía vertiginosas y brevísimas carreras y se plantaba de golpe, pero el jinete parecía soldado a su lomo.[39] Leonor y David lo veían aparecer y desaparecer, firme como el más avezado de los domadores, y estaban mudos, pasmados. De pronto, el Colorado se rindió: su esbelta cabeza colgando hacia el suelo, como avergonzado, se quedó quieto, respirando fatigosamente. En ese momento creyeron que regresaba: Juan dirigió el animal hacia la casa y se detuvo ante la puerta, pero no desmontó. Como si recordara algo, dio media vuelta y a trote corto[40] marchó derechamente hacia esa construcción que llamaban La Mugre. Allí bajó de un brinco.[41] La puerta estaba cerrada y Juan hizo volar el candado a puntapiés.[42] Luego indicó a gritos a los indios que estaban adentro, que salieran, que había terminado el castigo para todos. Después volvió a la casa, caminando lentamente. En la puerta lo esperaba David. Juan parecía sereno: estaba empapado de sudor y sus ojos mostraban orgullo. David se aproximó a él y lo llevó al interior tomado del hombro.

—Vamos— le decía—. Tomaremos un trago mientras Leonor te cura las rodillas.

EXERCISES

A. Questions

1. ¿Cuál de los hermanos mata el sapo? ¿Por qué?
2. ¿Dónde cree David que está escondido el hombre que buscan?
3. ¿Por qué bajan al desfiladero de noche?

[38] **a la vez** at the same time.
[39] **parecía . . . lomo** seemed riveted to his back.
[40] **a trote corto** at a trot.
[41] **bajó . . . brinco** he leapt from the horse.
[42] **hizo . . . puntapiés** kicked the lock off.

4. ¿Cuál de los hermanos conoce mejor la montaña?
5. Cuando era niña, ¿cómo trataba Leonor a los indios?
6. ¿Por qué cree usted que vacila Juan antes de salir a buscar al indio?
7. ¿Cuál de los hermanos ataca al indio?
8. ¿Por qué empieza Juan a disparar su revólver como un loco?
9. ¿Quién mata al indio?
10. ¿Cómo está Juan físicamente después?
11. ¿Qué había hecho Leonor cuando partieron sus hermanos?
12. ¿Qué mentira le dice David a Leonor?
13. ¿Qué mentira les ha dicho Leonor a sus hermanos?
14. ¿Por qué mintió Leonor?
15. ¿Cómo reacciona Juan cuando se da cuenta de lo que ha pasado?

B. Translation

Using the verbs listed in the right-hand column, translate the sentences into Spanish.

1. a) I don't think it's worth the trouble to look for him here. — **valer la pena**
   b) Would it be worthwhile to call them before?
2. a) David knew that Leandro wouldn't dare lie to him. — **atreverse a**
   b) No one dared to be the first to leave.
3. a) The brothers knew they had arrived at the top when the hill suddenly turned into flat land. — **convertirse en**
   b) His best friend had turned into his enemy.
4. a) Juan stopped to ask David what to do. — **detenerse**
   b) Why don't you stop in Guadalajara for two or three days?
5. a) David thought his brother had gone crazy. — **volverse loco**
   b) You're driving me crazy.
6. a) They had reached the waterfall after descending for several hours. — **alcanzar**
   b) He handed me two glasses.
7. a) Juan wanted to wait for dawn to break before continuing the search. — **amanecer**
   b) Dawn was breaking when I wakened.

8. a) Leonor refused to accept David's explanation of their search. — **negarse a**
   b) Twice I've refused to let them come in.
9. a) Juan was fed up with his sister's lies. — **estar harto de**
   b) Tomorrow you'll be tired of his stories.
10. a) Leonor was getting ready to mount the horse when she was stopped by the servants. — **disponerse a**
    b) Why don't you get ready to leave?

C. Drill on Expressions

From the expressions on the right, select the one which best translates the word(s) in italics.

1. Yo se lo dije a Juan y él, *in turn,* se lo dijo a Carlos.
2. No lo vas a alcanzar si lo buscas *on foot*.
3. *While* nos acercábamos a casa de Leonor, le expliqué lo que había ocurrido.
4. *Maybe* no vendrá nadie a la fiesta.
5. Allí estaba, *next to* Francisco.
6. *Shortly after* salir para Lima, tuvo que regresar a Callao.
7. *Suddenly* oí una voz en el patio.
8. Todos empezaron a hablar *at the same time*.
9. *At first,* pensé que estaba llorando.
10. Ellos se veían *on the sly*.

a lo mejor
a poco de
al principio
a medida que
de pronto
junto a
a su vez
a pie
a hurtadillas
a la vez

D. "Context" Exercise (oral or written)

Express the ideas described in the following sentences in Spanish, avoiding a word-for-word translation. The purpose is to think in Spanish and create your own statement.

1. Say that your younger brother doesn't know anything about country life.
2. Indicate that your sister has changed and is no longer the person you used to know.
3. Tell your friend not to let your sister follow you.
4. Say that your brother has killed an innocent man.
5. Say that you are fed up with life on the ranch.

Guillermo Cabrera Infante

CUANDO SE ESTUDIA GRAMÁTICA

CUBA: A Sentimental Education

GUILLERMO CABRERA INFANTE (1929-) grew up in Cuba. In his early twenties he began writing political articles, fiction, and eventually film reviews for Cuban newspapers and magazines. After the overthrow of the Batista regime by the forces of Fidel Castro in 1958, Cabrera Infante held editorial and diplomatic posts in the new government. But he gradually fell out of sympathy with the revolutionary movement and left Cuba in 1965, the year after his first novel, *Tres tristes tigres* (1964), won the prestigious Biblioteca Breve prize for fiction in Spain. He has since taken up residence in England.

Cuando se estudia gramática is taken from Cabrera Infante's first collection of short prose pieces, *Así en la paz como en la guerra* (1960). It deals with two young Cuban teenagers, Silvestre and Mariella, who meet at the girl's apartment to study one afternoon. The yearnings of adolescence briefly interrupt their studying, but it becomes clear that neither of them is prepared for a serious confrontation. The boy's attitude is agressive and aloof in the traditional *macho* fashion, but he is also confused, inexperienced, and embarrassed. And there is Mariella's perplexing compliance to come to grips with. So the lesson goes on.

CUANDO SE ESTUDIA GRAMÁTICA

Al oír la chicharra,[1] Silvestre empujó la puerta y entró. Subió la escalera en penumbras y al llegar al descanso[2] y mirar arriba vio a Mariella sonriente.

—Creí que ya no venías —dijo ella.

—Nada. La maldita guagua.[3] No habia manera que pasara una treintidós.

—Si salieras más temprano de la casa no te pasaría eso.

—Llegaría tarde de todos modos —dijo él.

Ella se hizo a un lado[4] y él pasó a la sala. Siempre que llegaba a la amplia sala de mosaicos blancos y negros le asaltaba la misma sensación de molestia inexplicable. Claro que él no sabía que los muebles de pesante estilo Renacimiento español, el gigantesco corazón de Jesús de la pared del fondo, la lámpara de falsas lágrimas y los múltiples búcaros, jarrones y figuritas de porcelana y yeso le golpeaban[5] con su infinito mal gusto. Solamente le alcanzaba una vaga desazón.[6]

[1] **chicharra** buzzer (that electrically opens a locked entrance door when a button is pushed inside).
[2] **descanso** stair landing.
[3] **guagua** bus.
[4] **se . . . lado** stepped aside.
[5] **los . . . golpeaban** the bulky Spanish Renaissance style furniture, the painting of Christ on the rear wall, the lamp with glass teardrop pendants and the countless pots, flower vases and porcelain and plaster figurines assailed him.
[6] **vaga desazón** vague irritation.

—A donde si vamos a llegar tarde nosotros es al aprobado[7] si seguimos así—dijo ella.

—Bah, no te preocupes. Siempre sacamos las asignaturas,[8] ¿no?

—Hasta ahora, sí. Pero este Español II está duro, no creas.

—La sacaremos, no te ocupes.[9]

Notó el silencio de la casa.

—¿Y la gente?[10]

—Mami salió con Cuca.

Mami era la madre de Mariella, Cuca era la criada. La madre de Mariella se había divorciado hacía unos cinco años y la madre y la hija vivían solas en la casa grande, sin otra compañía que una criada, ya vieja. La madre de Mariella tendría unos treinta y cinco años y era una mujer muy bella, más bella que la mujer que estaba en el retrato del hall, que era la madre de Mariella cuando tenía veinte años. La madre de Mariella era una mujer alta, hermosa. Tenía los ojos verdes y muy grandes y el pelo negro y largo, y en su cara había algo duro, masculino, que no dejaba de hacerla más atractiva. En cuanto a Mariella, Mariella era otra cosa.

Ahora Silvestre la estaba mirando mientras disponía los balances[11] en la terraza, ordenaba los libros, agrupaba los lápices dentro de un pote de barro y alistaba las libretas de notas. Mariella tenía quince años, pero muy bien podía decir que era mayor. No era alta ni baja y sin embargo no era proporcionada. Tenía las piernas largas, redondas y levemente gruesas, y eran lo más importante de su cuerpo. Su talle era corto y sus senos abultaban bastante bajo la blusa blanca que llevaba ahora, la que hacía resaltar su rostro moreno y su pelo negro. Por debajo de la amplia saya se adivinaban sus caderas ya marcadas.

—¿Por qué traes el uniforme?[12]—preguntó él.

—Mami. Salí con ella a almorzar en casa de una tía de Papi y se empeñó que fuera de uniforme. ¿Qué pasa? Si quieres me lo quito.

—No, no. ¿Para qué? Te ves muy bien así.

Ella hizo una reverencia[13] en broma y dijo, afectando melosidad:[14]

—Muuuchas graciassss.

Todavía dentro de Mariella había una niña.

[7] **A . . . aprobado** What we *are* going to arrive late for is passing this course.
[8] **Siempre . . . asignaturas** We always pass our courses.
[9] **no te ocupes** don't worry about it.
[10] **¿Y la gente?** Where is everyone?
[11] **disponía los balances** she arranged the rocking chairs.
[12] **uniforme** school uniform.
[13] **reverencia** curtsy.
[14] **melosidad** sweetness.

—¿Repasamos? —preguntó ella.

—Cuando quieras —dijo él.

Comenzaron a leer una y otra vez un trozo gramatical y cuando decidieron que habían leído bastante, Mariella dijo:

—Dilo ahora.

—¿Todo?

—Sí, todo.

—No voy a poder.

—Bueno, hasta donde puedas. Yo te ayudo.

—Bueno . . . Los pronombres relativos . . . A. Si dijésemos: de una dama era galán un vidriero[15] y ese vidriero vivía en Tremecén, enunciaríamos dos oraciones independientes coo —lo pensó un instante— coordinadas, cuyo sujeto, obrero . . .

—*Vidriero* . . .

—Vidriero. ¿Y de qué manera se ganará la vida un vidriero en Tremecén?

—Ah, yo no sé. Vamos, sigue.

—A lo mejor por la noche se dedica a romper los cristales de las ventanas con un tiraflechas[16] . . .

—Vamos, amor, sigue.

—O a lo mejor vive de la dama que es galán.

—Ah, mi vida, vamos: sigue.

—¿Se te fue o lo dijiste?[17] —preguntó Silvestre.

—¿Qué cosa? —preguntó ella.

—Lo de amor y lo de vida.

—Lo dije —dijo ella.

Silvestre la miró sonriente, con alguna picardía en sus ojos todavía adolescentes.

—¿Qué te parece si yo fuera vidriero en Tremecén?

—Que no te encargaba un solo trabajo.

—Ah, sí. Bueno, pues decepcionado porque no eres mi dama y además eres mala clienta, me suicido moliendo una vidriera y echando el vidrio molido en dulce-guayaba.[18]

Ella se rió a pesar suyo. Luego se puso seria.

—Vamos, viejo, continúa.

[15] **vidriero** glazier.
[16] **tiraflechas** bow (and arrow).
[17] **¿Se . . . dijiste?** Was that a slip or did you mean it?
[18] **dulce-guayaba** guava fruit jelly.

— Viejo, no, vidriero.

— Bueno, sigue, por favor.

— Bien . . . Obrero . . .

— *Vidriero.*

— *Perdón, vidriero . . . Vidriero lleva en la primera el artículo* un *por ser . . . por ser . . . por ser . . .*

— Por ser indeterminado. ¿Ves? No te la sabes. ¿Estudiaste en casa por la mañana?

— Bueno, no mucho.

— *Bueno, no mucho* . . . ¿Pues sabes lo que va a pasar?

— No. ¿Qué cosa?

— Que te van a suspender.[19]

— *Nos* van.

— No, nos van no. *Te* van. Porque *yo* me sé la lección completica.[20]

— ¿Ah, de manera que estudiando a mis espaldas?[21] Eso sí está bueno.

— A tus espaldas, no, frente a ti. Ayer, cuando te pasaste toda la tarde leyendo las revistas de Mami, yo estudiaba.

— Bueno, pues vamos a ver si es verdad. Dime esa parte.

— Qué fresco.[22] Lo haces para no tomarte el trabajo de decirla tú.

— Y tú lo haces porque no te la sabes. Dila tú, vamos a ver.

— Está bien.

Ella comenzó a recitar la lección con la fidelidad de una poetisa provinciana y casi con la misma entonación. La dijo toda de arriba abajo[23] y luego conminó[24] a Silvestre a que le hiciera preguntas. Cuando terminaron había pasado una hora.

— ¿Qué tal si[25] comemos algo? — preguntó ella.

— No me parece mal.

Ella trajo galleticas y refrescos.

— ¿Por qué no comemos en la sala? Los asientos son más cómodos.

— Está bien.

Entraron. Silvestre se apoltronó[26] en un butacón de felpa y Mariella se acercó al sofá, puso las botellas y los vasos en la mesita contigua y luego se

[19] **suspender** flunk.
[20] **completica** In Cuba the diminutive suffixes **-ito, -ita** are commonly replaced by **-ico, -ica.** Here the meaning of *completica* would be "through and through."
[21] **a mis espaldas** behind my back.
[22] **Qué fresco** What nerve!
[23] **de arriba abajo** from beginning to end.
[24] **conminó** she urged.
[25] **¿Qué tal si** What do you say.
[26] **se apoltronó** stretched out.

acostó. Silvestre comía en silencio y miraba las largas, tersas piernas de Mariella. De pronto se puso de pie y cerró el ventanal que se abría sobre la terraza.

—¿Qué haces? —preguntó ella, casi incorporándose.

—Nada —dijo él, volviendo a sentarse. —Había demasiada claridad.

Ahora miraba los pocos rayos de sol que se colaban por las persianas, iluminando la sala con una luz suave, lenta. La sala había adquirido otro aspecto, desdibujados los retorcidos contornos de los muebles, indiscernible ahora el retrato de Jesús, atenuada la agresividad lustrosa de los objetos de porcelana.

—Ponte de pie —dijo Silvestre tan inesperadamente como había ido a cerrar la ventana.

—¿Para qué? Estoy *muy* cómoda así.

—Ponte de pie —repitió él.

—Pero, ¿para qué? —dijo ella.

—*Ponte* de pie.

Ella lo hizo.

—Camina hasta el centro.

—¿Qué es esto? —preguntó ella intrigada. —Un *fashion show.*

—No, al revés.[27]

—No te entiendo —dijo ella.

—Ya me entenderás —dijo él. La voz se le enronqueció:[28] —Quítate la ropa.

Ella saltó. No físicamente, pero algo dentro de ella saltó.

—*Cómo.*

—Que te quites la ropa.

—¿En serio?

—Sí, en serio.

—¿Para qué?

—Para nada. Quiero verte desnuda.

—Así como así.[29]

—Sí, quiero verte desnuda. Eso es todo.

Ella lo miró un instante. Luego comenzó a quitarse la ropa, su cara de una seriedad casi cómica ahora. Se quitó la blusa blanca y dejó ver los ajustadores[30] rosados. Luego se quitó la falda también blanca y mostró una saya interior igualmente blanca.

[27] **al revés** just the opposite.
[28] **La . . . enronqueció** His voice became hoarse.
[29] **Así como así.** Just like that.
[30] **ajustadores** brassiere.

Lo miró.

— ¿Así?

— No, toda.

Dejó caer hasta el suelo la saya interior y ahora estaba en pantalones y ajustadores.

Volvió a mirarlo.

— ¿Así?

No, toda.

— ¿Más?

— Sí, más. *Toda.*

Se llevó ambas manos a la espalda y desabotonó el sostén, que prácticamente saltó, dejando los senos desnudos. Después se bajó el pantalón y sacó una pierna y luego otra. Ahora estaba completamente desnuda.

El la miró. Ella tuvo intención de cubrirse con las manos, pero por alguna causa no lo hizo.

— ¿Ya?[31] — preguntó ella.

— Sí — dijo él. — Ponte la ropa de nuevo.

Ella recogió la ropa del suelo y corrió desnuda — ahora él vio que no se había quitado los zapatos — hacia adentro.

Cuando regresó venía vestida con un vestido color azul violeta.

— ¿Y ahora? — preguntó ella.

— Ahora vamos a seguir estudiando — dijo él.

EXERCISES

A. Questions

1. ¿Por qué llega tarde Silvestre a casa de Mariella?
2. ¿Qué asignatura van a estudiar?
3. ¿Cómo es Mariella físicamente?
4. ¿Por qué no puede decir la lección Silvestre sin hacer errores?
5. ¿Qué cosa indica que Silvestre no está tomando la lección en serio?
6. Según Mariella, ¿por qué no van a suspenderle a ella?
7. ¿Por qué quiere Silvestre pasar de la terraza a la sala?
8. Después de que Mariella se pone de pie, ¿qué le pide Silvestre que haga?
9. ¿Por qué cree usted que Mariella hace lo que él quiere?
10. ¿Por qué le dice Silvestre al final que se vuelva a vestir?

[31] **¿Ya?** Is this what you want?

B. Translation

Using the verbs listed in the right-hand column, translate the sentences into Spanish.

	Verb
1. a) Mariella hadn't taken off her shoes. b) Luis took off his hat and smiled at her.	**quitarse**
2. a) He made a living as a glazier. b) How do you make a living writing?	**ganarse la vida**
3. a) Silvester laughed when she said they would flunk. b) Don't laugh (**tú**) when I tell you this.	**reírse**
4. a) If Silvester took the trouble to study more, he'd pass the course. b) We never bothered to study before exams.	**tomarse el trajabo de**
5. a) He devoted himself to breaking windows. b) What are you up to now?	**dedicarse**
6. a) Mami insists that I wear my white blouse. b) Roberto persisted until they had to let him in.	**empeñarse**
7. a) Do I look all right in my uniform? b) She looked very nice in her yellow dress.	**verse**
8. a) Mami and Cuca didn't have lunch at home. b) We used to have lunch at Mario's house.	**almorzar**
9. a) If you go on like this, you won't learn anything. b) Go on (**tú**), I'm listening to you.	**seguir**
10. a) Mariella stood to one side when he entered. b) Stand aside, here they come.	**hacerse a un lado**

C. Drill on Expressions

From the expressions on the right, select the one which best translates the word(s) in italics.

1. *Whenever* visito a los Martínez me invitan a almorzar.	**claro que** **una y otra vez**

2. No vas a creer las cosas que hicieron *behind my back.*
3. Estoy seguro que Rosa lo ha dicho *jokingly.*
4. El hermano de Susana es *just as* difícil.
5. *Of course* es muy tarde para comenzar ahora.
6. Repasaron la lección *over and over again.*
7. Jorge se puso a reír *in spite of himself.*
8. *Well,* creo que te ves muy linda.
9. Te suspendieron *really?*
10. *What do you say* estudiamos inglés primero.

a pesar suyo
bueno
qué tal si
en serio
igualmente
a mis espaldas
siempre que
en broma

D. "Context" Exercise (oral or written)

Express the ideas described in the following sentences in Spanish, avoiding a word-for-word translation. The purpose is to think in Spanish and create your own statement.

1. Indicate that you're afraid they're going to flunk you in Spanish II.
2. Suggest that it would be better if the children had lunch on the patio.
3. Tell a friend he looks much better than the last time you saw him.
4. Say to Marco that you can't go on helping him every day.
5. Tell Pedro to take off his white shoes and put on the black ones.

E. Review Exercise

The following expressions taken from *Cuando se estudia gramática* have appeared in previous stories. Check your understanding of them by composing original sentences that begin with them:

a lo mejor, de manera que, de pronto, de todos modos, mientras, sin embargo

Ernesto Sábato

EL TÚNEL

ARGENTINA: The Compulsions of Love

ERNESTO SÁBATO (1911-   ) is one of Argentina's best-known contemporary writers, despite the fact that he has written only three novels, and his other works (essays, criticism, philosophical reflections) have not yet been widely translated. His three novels, *El túnel* (1948), *Sobre héroes y tumbas* (1961), and *Abaddón, el Exterminador* (1974), have attracted the attention of many important critics, including the late Albert Camus, who recommended that the first of them be translated into French. While *Sobre héroes y tumbas* and *Abaddón, el Exterminador* are long, complex, and ambitious works, *El túnel* has become a modern classic on its merits as a brief, intense expression of existentialist anguish, perhaps without match in the literature of Spanish America.

Juan Pablo Castel, a Buenos Aires painter, is the principal character of *El túnel*. The work opens with his stark confession— "Bastará decir que yo soy Juan Pablo Castel, el pintor que mató a María Iribarne." He proceeds to narrate the events of his desperate relationship with María, the wife of a blind man named Allende. He first sees her at an exhibition, where she seems to comprehend one of his paintings more than anyone else. Castel is afraid to approach her and takes to following her through the streets of downtown Buenos Aires. When they finally meet, she warns Castel not to see her again because she always hurts the people who care for her, but he ignores her warning. In the pages that lead up to chapters XII and XIII, which follow, Castel is speaking with María on the telephone, when she suddenly hangs up. Castel scarcely sleeps that night, examining and reexamining the possible explanations for her behavior. The next day he calls her again.

As will be immediately evident, the language of *El túnel* is clear and direct. The novel puts forth a cry for understanding, uttered by a tormented man, alone and lost in a city of millions.

EL TÚNEL

Capítulo XII

A la mañana siguiente, a eso de las diez, llamé por teléfono. Me atendió la misma mujer del día anterior. Cuando pregunté por la señorita María Iribarne me dijo que esa misma mañana había salido para el campo. Me quedé frío.[1]

—¿Para el campo? —pregunté.

—Sí, señor. ¿Usted es el señor Castel?

—Sí, soy Castel.

—Dejó una carta para usted, acá. Que perdone, pero no tenía su dirección.

Me había hecho tanto a la idea de verla[2] ese mismo día y esperaba cosas tan importantes de ese encuentro que este anuncio me dejó anonadado.[3] Se me ocurrieron una serie de preguntas: ¿Por qué había resuelto ir al campo? Evidentemente, esta resolución había sido tomada después de nuestra conversación telefónica, porque, si no, me habría dicho algo acerca del viaje y, sobre todo, no habría aceptado mi sugestión de hablar por teléfono a la mañana siguiente. Ahora bien, si esa resolución era posterior a la conversación por teléfono, ¿sería también *consecuencia de esa conversación*? Y si era consecuencia, ¿por qué? ¿quería huir de mí una vez más? ¿temía el inevitable encuentro del otro día?

[1] **Me quedé frío** I was left speechless.
[2] **Me . . . verla** I had so set my hopes on seeing her.
[3] **me dejó anonadado** overwhelmed me.

Este inesperado viaje al campo despertó la primera duda. Como sucede siempre, empecé a encontrar sospechosos detalles anteriores a los que antes no había dado importancia. ¿Por qué esos cambios de voz en el teléfono el día anterior? ¿Quiénes eran esas gentes que «entraban y salían» y que le impedían hablar con naturalidad? Además, *eso probaba que ella era capaz de simular.* ¿Y por qué vaciló esa mujer cuando pregunté por la señorita Iribarne? Pero una frase sobre todo se me había grabado como con ácido: «Cuando cierro la puerta saben que no deben molestarme.» Pensé que alrededor de María existían muchas sombras.

Estas reflexiones me las hice por primera vez mientras corría a su casa. Era curioso que ella no hubiera averiguado mi dirección; yo en cambio, conocía ya su dirección y su teléfono. Vivía en la calle Posadas, casi en la esquina de Seaver.

Cuando llegué al quinto piso y toqué el timbre, sentí una gran emoción.

Abrió la puerta un mucamo[4] que debía ser polaco o algo por el estilo y cuando le di nombre me hizo pasar a una salita llena de libros: las paredes estaban cubiertas de estantes hasta el techo, pero también había montones de libros encima de dos mesitas y hasta de un sillón. Me llamó la atención el tamaño excesivo de muchos volúmenes.

Me levanté para echar un vistazo a la biblioteca. De pronto tuve la impresión de que alguien me observaba en silencio a mis espaldas. Me di vuelta y vi un hombre en el extremo opuesto de la salita: era alto, flaco, tenía una hermosa cabeza. Sonreía mirando hacia donde yo estaba, pero *en general,* sin precisión. A pesar de que tenía los ojos abiertos, me di cuenta de que era ciego. Entonces me expliqué el tamaño anormal de los libros.

—¿Usted es Castel, no? —me dijo con cordialidad, extendiéndome la mano.

—Sí, señor Iribarne —respondí, entregándole mi mano con perplejidad, mientras pensaba qué clase de vinculación familiar podía haber entre María y él.

Al mismo tiempo que me hacía señas de tomar asiento, sonrió con una ligera expresión de ironía y agregó:

—No me llamo Iribarne y no me diga señor. Soy Allende, marido de María.

Acostumbrado a valorizar y quizá a interpretar los silencios, añadió inmediatamente:

—María usa siempre su apellido de soltera.

Yo estaba como una estatua.

[4] **mucamo** servant

— María me ha hablado mucho de su pintura. Como quedé ciego hace pocos años,[5] todavía puedo imaginar bastante bien las cosas.

Parecía como si quisiera disculparse de su ceguera. Yo no sabía qué decir. ¡Cómo ansiaba estar solo, en la calle, para pensar en todo!

Sacó una carta de un bolsillo y me la alcanzó.

— Acá está la carta — dijo con sencillez, como si no tuviera nada de extraordinario.

Tomé la carta e iba a guardarla cuando el ciego agregó como si hubiera visto mi actitud:

— Léala, no más.[6] Aunque siendo de María no debe ser nada urgente.

Yo temblaba. Abrí el sobre, mientras él encendía un cigarrillo, después de haberme ofrecido uno. Saqué la carta; decía una sola frase:

Yo también pienso en usted.

MARÍA

Cuando el ciego oyó doblar el papel, preguntó:

— Nada urgente, supongo.

Hice un gran esfuerzo y respondí:

— No, nada urgente.

Me sentí una especie de monstruo, viendo sonreír al ciego, que me miraba con los ojos bien abiertos.

— Así es María — dijo, como pensando para sí — . Muchos confunden sus impulsos con urgencias. María hace, efectivamente, con rapidez, cosas que no cambian la situación. ¿Cómo le explicaré?

Miró abstraído hacia el suelo, como buscando una explicación más clara. Al rato, dijo:

— Como alguien que estuviera parado en un desierto y de pronto cambiase de lugar con gran rapidez. ¿Comprende? La velocidad no importa, siempre se está en el mismo paisaje.

Fumó y pensó un instante más, como si yo no estuviera. Luego agregó:

— Aunque no sé si es esto, exactamente. No tengo mucha habilidad para las metáforas.

No veía el momento[7] de huir de aquella sala maldita. Pero el ciego no parecía tener apuro. «¿Qué abominable comedia es ésta?», pensé.

— Ahora, por ejemplo — persiguió Allende — , se levanta temprano y me dice que se va a la estancia.

[5] **quedé . . . años** I became blind a few years ago.
[6] **Léala, no más** Go ahead and read it.
[7] **No veía el momento** I could hardly wait.

—¿A la estancia? —pregunté inconscientemente.

—Sí, a la estancia nuestra. Es decir, a la estancia de mi abuelo. Pero ahora está en manos de mi primo Hunter. Supongo que le conoce.

Esta nueva revelación me llenó de zozobra y al mismo tiempo de despecho:[8] ¿qué podría encontrar María en ese imbécil mujeriego y cínico? Traté de tranquilizarme, pensando que ella no iría a la estancia por Hunter sino, simplemente, porque podría gustarle la soledad del campo y porque la estancia era de la familia. Pero quedé muy triste.

—He oído hablar de él —dije, con amargura.

Antes de que el ciego pudiese hablar agregué, con brusquedad:

—Tengo que irme.

—Caramba, cómo lo lamento —comentó Allende—. Espero que volvamos a vernos.

—Sí, sí, naturalmente —dije.

Me acompañó hasta la puerta. Le di la mano y salí corriendo. Mientras bajaba en el ascensor, me repetía con rabia: «¿Qué abominable comedia es ésta?»

Capítulo XIII

Necesitaba despejarme y pensar con tranquilidad. Caminé por Posadas hacia el lado de la Recoleta.[9]

Mi cabeza era un pandemonio: una cantidad de ideas, sentimientos y de amor y de odio, preguntas, resentimientos y recuerdos se mezclaban y aparecían sucesivamente.

—¿Qué idea era ésta, por ejemplo, de hacerme ir a la casa a buscar una carta y hacérmela entregar[10] por el marido? ¿Y cómo no me había advertido que era casada? ¿Y qué díablos tenía que hacer en la estancia con el sinvergüenza de Hunter? ¿Y por qué no había eseperado mi llamado telefónico? Y ese ciego, ¿qué clase de bicho era? Dije ya que tengo una idea desagradable de la humanidad; debo confesar ahora que los ciegos *no me gustan nada* y que siento delante de ellos una impresión semejante a la que me producen ciertos animales, fríos, húmedos y silenciosos, como las víboras. Si se agrega el hecho de leer delante de él una carta de la mujer

[8] **me . . . despecho** filled me with anxiety and indignation at the same time.
[9] **la Recoleta** an old, historical cemetery not far from the address Castel has just left.
[10] **hacérmela entregar** having it handed over to me.

que decía *Yo también pienso en usted,* no es difícil adivinar la sensación de asco que tuve en aquellos momentos.

Traté de ordenar un poco el caos de mis ideas y sentimientos y proceder con método, como acostumbro. Había que empezar por el principio, y el principio (por lo menos el inmediato) era, evidentemente, la conversación por teléfono. En esa conversación había varios puntos oscuros.

En primer término, si en esa casa era tan natural que ella tuviera relaciones con hombres, como lo prueba el hecho de la carta a través del marido, ¿por qué emplear una voz neutra y oficinesca hasta que la puerta estuvo cerrada? Luego ¿qué significaba esa aclaración de que «cuando está la puerta cerrada saben que no deben molestarme»? Por lo visto, era frecuente que ella se encerrara para hablar por teléfono. Pero no era creíble que se encerrase para tener conversaciones triviales con personas amigas de la casa; había que suponer que era para tener conversaciones semejantes a la nuestra. Pero entonces había en su vida otras personas como yo. ¿Cuántas eran? ¿Y quiénes eran?

Primero pensé en Hunter, pero lo excluí en seguida: ¿a qué[11] hablar por teléfono si podía verlo en la estancia cuando quisiera? ¿Quiénes eran los otros, en ese caso?

Pensé si con esto liquidaba el asunto telefónico. No, no quedaba terminado: subsistía el problema de su contestación a mi pregunta precisa. Observé con amargura que cuando yo le pregunté si había pensado en mí, después de tantas vaguedades sólo contestó: «¿no le he dicho que pensado en todo?» Esto de contestar con una pregunta no compromete mucho. En fin, la prueba de que esta respuesta no fue clara era que ella misma, al otro día (o esa misma noche), creyó necesario responder en forma bien precisa con una carta.

«Pasemos a la carta», me dije. Saqué la carta del bosillo y la volví a leer:

Yo también pienso en usted.
MARÍA

La letra era nerviosa o por lo menos era la letra de una persona nerviosa. No es lo mismo, porque, de ser cierto lo primero,[12] manifestaba una emoción actual y, por lo tanto, un indicio favorable a mi problema. Sea como sea,[13] me emocionó muchísimo la firma: *María.* Simplemente *María.* Esa simplicidad me daba una vaga idea de pertenencia, una vaga

[11] **a qué** why.
[12] **de . . . primero** if the first thing were true.
[13] **Sea como sea** Whatever the case.

idea de que la muchacha estaba ya en mi vida y de que, en cierto modo, me pertenecía.

¡Ay! Mis sentimientos de felicidad son tan poco duraderos . . . Esa impresión, por ejemplo, no resistía el menor análisis: ¿acaso el marido no la llamaba también María?[14] Y seguramente Hunter también la llamaría así, ¿de qué otra manera podía llamarla? ¿Y las otras personas con las que hablaba a puertas cerradas? Me imagino que nadie habla a puertas cerradas a alguien que respetuosamente dice «señorita Iribarne».

¡«Señorita Iribarne»! Ahora caía en la cuenta de[15] la vacilación que había tenido la mucama la primera vez que hablé por teléfono: ¡Qué grotesco! Pensándolo bien, era una prueba más de que este tipo de llamado no era totalmente novedoso: evidentemente, la primera vez que alguien preguntó por la «señorita Iribarne» la mucama extrañada, debió forzosamente haber corregido, recalcando lo de *señora*. Pero, naturalmente, a fuerza de repeticiones, la mucama había terminado por encogerse de hombros y pensar que era preferible no meterse en rectificaciones. Vaciló, era natural; pero no me corrigió.

Volviendo a la carta, reflexioné que había motivo para una cantidad de deducciones. Empecé por el hecho más extraordinario: la forma de hacerme llegar la carta. Recordé el argumento que me transmitió la mucama: «Que perdone, pero no tenía la dirección.» Era cierto: ni ella me había pedido la dirección ni a mí se me había ocurrido dársela; pero lo primero que yo habría hecho en su lugar era buscarla en la guía de teléfonos. No era posible atribuir su actitud a una inconcebible pereza, y entonces era inevitable una conclusión: *María deseaba que yo fuera a la casa y me enfrentase con el marido.* Pero ¿por qué? En este punto se llegaba a una situación sumamente complicada: podía ser que ella experimentara placer en usar al marido de intermediario; podía ser el marido el que experimentara placer; podían ser los dos. Fuera de estas posibilidades patológicas quedaba una natural: María había querido hacerme saber que era casada para que yo viera la inconveniencia de seguir adelante.

Estoy seguro de que muchos de los que ahora están leyendo estas páginas se pronunciarán por esta última hipótesis y juzgarán que sólo un hombre como yo puede elegir alguna de las otras. En la época en que yo tenía amigos, muchas veces se han reído de mi manía de elegir siempre los caminos más enrevesados: Yo me pregunto *por qué* la realidad ha de ser simple. Mi experiencia me ha enseñado que, por el contrario, casi nunca lo es y que cuando hay algo que parece extraordinariamente claro, una acción

[14] **¿acaso . . . María?** didn't her husband also call her María?
[15] **caía . . . de** I was understanding.

que al parecer obedece a una causa sencilla, casi siempre hay debajo móviles más complejos. Un ejemplo de todos los días: la gente que da limosnas; en general, se considera que es más generosa y mejor que la gente que no las da. Me permitiré tratar con el mayor desdén esta teoría simplista. Cualquiera sabe que no se resuelve el problema de un mendigo (de un mendigo auténtico) con diez centavos o un pedazo de pan: solamente se resuelve el problema psicológico del señor que compra así, por casi nada, su tranquilidad espiritual y su título de generoso.[16] Júzguese hasta qué punto esa gente es mezquina cuando no se decide a gastar más de diez centavos por día para asegurar su tranquilidad espiritual y la idea reconfortante y vanidosa de su bondad. ¡Cuánta más pureza de espíritu y cuánto más valor se requiere para sobrellevar la existencia de la miseria humana sin esta hipócrita (y usuraria) operación!

Pero volvamos a la carta.

Solamente un espíritu superficial podría quedarse con la misma hipótesis, pues se derrumba al menor análisis. «María quería hacerme saber que era casada para que yo viese la inconveniencia de seguir adelante.» Muy bonito. Pero ¿por qué en ese caso recurrir a un procedimiento tan engorroso y cruel? ¿No podría habérmelo dicho personalmente y hasta por teléfono? ¿No podría haberme escrito, de no tener[17] valor para decírmelo? Quedaba todavía un argumento tremendo: ¿por qué la carta, en ese caso, no decía que era casada, como yo lo podía ver, y no rogaba que tomara nuestras relaciones en su sentido más tranquilo? No, señores. Por el contrario, la carta era una carta destinada a consolidar nuestras relaciones, a alentarlas y a conducirlas por el camino más peligroso.

Quedeban, al parecer, las hipótesis patológicas. ¿Era posible que María sintiera placer en emplear a Allende de intermediario? ¿O era él quien buscaba esas oportunidades? ¿O el destino se había divertido juntando dos seres semejantes?

De pronto me horroricé de haber llegado a esos extremos, con mi costumbre de analizar indefinidamente hechos y palabras. Recordé la mirada de María fija en el árbol de la plaza, mientras oía mis opiniones; recordé su timidez, su primera huida. Y una desbordante ternura hacia ella comenzó a invadirme. Me pareció que era una frágil, una irreal criatura en medio de un mundo cruel, lleno de fealdad y miseria. Sentí lo que muchas veces había sentido desde aquel momento del salón: que era semejante a mí.

[16] **y . . . generoso** and his reputation as a generous soul.
[17] **de no tener** if she had not had.

Olvidé mis áridos razonamientos, mis deducciones feroces. Me dediqué a imaginar su rostro, su mirada — esa mirada que me recordaba algo que no podía precisar — , su forma profunda y melancólica de razonar. Sentí que el amor anónimo que yo había alimentado durante años de soledad se había concentrado en María. ¿Cómo podía pensar cosas tan absurdas?

Traté de olvidar, pues, todas mis estúpidas deducciones acerca del teléfono, la carta, la estancia, Hunter.

Pero no pude.

EXERCISES

A. Questions

1. ¿Por qué no puede Castel hablar con María cuando llama por teléfono?
2. ¿Por qué va después a casa de María?
3. ¿Tiene Allende algún conocimiento de Castel?
4. ¿Por qué lee Castel la carta en presencia de Allende?
5. ¿Qué dice Allende acerca del carácter de su esposa?
6. ¿Qué opinión tiene Castel de Hunter, el primo de Allende?
7. ¿Por qué sospecha Castel que en la vida de María hay otros hombres como él?
8. ¿Por qué cree Castel que María quería que él se enfrentara con su marido?
9. ¿Cómo se explica el gran amor que siente Castel por María?
10. ¿Por qué no logra olvidar Castel sus "estúpidas deducciones"?

B. Translation

Using the verbs listed in the right-hand column, translate the sentences into Spanish.

1. a) Castel arrived punctually for his appointment to pick up María's letter.	**acudir**
b) Who will answer the door?	
2. a) Finally Castel caught on.	**caer en la cuenta**
b) Of course! Now I get it!	
3. a) While waiting, he glanced at the books in the library.	**echar un vistazo**
b) I'll have a look at his poems tonight.	

4. a) The books caught Castel's attention because of their size. — **llamar la atención a uno**
   b) A new car would attract their attention.
5. a) María suddenly decided to leave for the country. — **decidirse a**
   b) Dolores will never decide to get married.
6. a) "I can't wait to get out of here," thought Castel as he talked with Allende. — **no ver el momento de**
   b) He always said he couldn't wait to finish his studies.
7. a) The servant shrugged his shoulders and left. — **encogerse de hombros**
   b) Don Luis would always shrug his shoulders and say nothing.
8. a) He didn't apologize for his blindness, but he seemed to want to. — **disculparse de**
   b) I excused myself for arriving late.
9. a) Castel and Allende shook hands. — **darle la mano a uno**
   b) Miguel didn't want to shake his hand.
10. a) Castel had his mind set on seeing María that day. — **hacerse a la idea de**
    b) Don't get your mind set on going to Paris.

C. Drill on Expressions

From the expressions on the right, select the one which best translates the word(s) in italics.

1. *Apparently,* nunca cayeron en la cuenta.	ahora bien
2. *Now then,* hablemos un poco de ti.	por lo visto
3. *In the first place,* nadie sabe lo que pasó.	a eso de
4. *In short,* no quiero que salgas esta noche.	una vez más
5. Te veré *around* las ocho menos cuarto el viernes por la noche.	de ser
	en cambio
6. *Besides,* Juanito tiene que ir al centro.	en fin
7. *Once again,* fue la criada quien abrió la puerta.	además
	en primer término

8. *Evidently,* Carlitos ni siquiera estaba allí. **al parecer**
9. *On the other hand,* usted y yo podríamos quedarnos aquí hasta el lunes.
10. *If I were* tú, echaría una mirada al cuento antes de la clase.

D. "Context" Exercise (oral or written)

Express the ideas described in the following sentences in Spanish, avoiding a word-for-word translation. The purpose is to think in Spanish and create your own statement.

1. Say that a car you saw yesterday caught your eye.
2. Indicate that you can't wait to leave for Florida.
3. Say that your name is not López and that you don't want to be called "Mrs."
4. Indicate that you have heard strange things about that painter.
5. Say that you wanted to believe María but you couldn't.

Carlos Fuentes

CHAC MOOL

MEXICO: Filiberto's Encounter with the Rain God

CARLOS FUENTES (1928-) was born in Mexico City. As the son of a professional diplomat he spent many of his early years travelling throughout North and South America. He learned English at an early age and later French. His education was broad in scope and, as a result, Fuentes acquired a very cosmopolitan outlook. In a part of the world where national identities are fiercely defended, Fuentes's perspective is international. His own diplomatic career and his career as a writer developed at the same time. *La región más transparente* (1959), his first novel, is an ambitious mural-like representation of Mexican society. It was an immediate success. He has published many novels and short stories since, experimenting constantly with narrative moods and structures. His novel, *La muerte de Artemio Cruz* (1962), is one of the most important Mexican novels of our day.

Fuentes's urbanity, sophistication, and firm grasp of the essence of Mexican character are apparent in *Chac Mool,* taken from his first collection of short stories, *Los días enmascarados* (1958). The richness of insights and observations and the wealth of allusions present the reader with a challenge that has been reserved for the last pages of this anthology. The story's length as well as its distinctive style require a considerable effort from the intermediate student, but it is well worth it.

Chac Mool is the Aztec Rain God, whose striking, semi-reclining image is known to millions of Mexicans*. Fuentes's fantasy sets the ancient god against the character of Mexican society today by means of an imaginative conception. The story is narrated by a friend of the unfortunate Filiberto, who takes charge of the latter's belongings following his drowning in Acapulco. Filiberto's memorandum book recounts the day-by-day transformation of the statue of Chac Mool, which he has bought at a Mexico City flea market. Reality here, as in the best examples of fantastic literature, becomes confused with the seemingly unreal, and the reader is left to make of the perplexing facts what he or she can. This curious blending of the prosaic with the fantastic is a prominent characteristic of the "new narrative" tendency in Latin American literature today.

*(See title page for a photo of Chac Mool.)

CHAC MOOL

Hace poco tiempo, Filiberto murió ahogado en Acapulco. Sucedió en Semana Santa. Aunque despedido de su empleo en la Secretaría,[1] Filiberto no pudo resistir la tentación burocrática de ir, como todos los años, a la pensión alemana, comer el *choucrout*[2] endulzado por el sudor de la cocina tropical, bailar el sábado de gloria[3] en La Quebrada,[4] y sentirse "gente conocida" en el obscuro anonimato vespertino[5] de la playa de Hornos.[6] Claro, sabíamos que en su juventud había nadado bien, pero ahora, a los cuarenta, y tan desmejorado como se le veía,[7] ¡intentar salvar, y a medianoche, un trecho tan largo![8] Frau Müller no permitió que se velara[9] — cliente tan antiguo — en la pensión; por el contrario, esa noche organizó un baile en la terracita sofocada, mientras Filiberto esperaba, muy pálido en su caja,[10] a que saliera el camión matutino de la terminal,[11] y pasó acompañado de huacales y fardos[12], la primera noche de su nueva vida. Cuando llegué, temprano, a vigilar el embarque del féretro,[13]

[1] **Secretaría** Ministry.
[2] ***choucrout*** sauerkraut.
[3] **sábado de gloria** Holy Saturday.
[4] **La Quebrada** a popular tourist spot in Acapulco.
[5] **obscuro . . . vespertino** obscure afternoon anonymity.
[6] **playa de Hornos** one of Acapulco's popular beaches.
[7] **tan . . . veía** as deteriorated as he looked.
[8] **¡intentar . . . largo!** to attempt to cover such a long distance, and at midnight!
[9] **que se velara** that a wake be held.
[10] **caja** casket.
[11] **a . . . terminal** for the morning bus to leave from the terminal.
[12] **huacales y fardos** crates and bales.
[13] **féretro** coffin.

Filiberto estaba bajo un túmulo de cocos;[14] el chófer dijo que lo acomodáramos rápidamente en el toldo y lo cubriéramos del lonas, para que no se espantaran los pasajeros, y a ver si no le habíamos echado la sal al viaje.[15]

Salimos de Acapulco, todavía en la brisa. Hasta Tierra Colorada[16] nacieron el calor y la luz. Con el desayuno de huevos y chorizo, abrí el cartapacio[17] de Filiberto, recogido el día anterior, junto con sus otras pertenencias, en la pensión de los Müller. Doscientos pesos. Un periódico viejo; cachos de la lotería; el pasaje de ida[18] — ¿sólo de ida? — , y el cuaderno barato, de hojas cuadriculadas y tapas de papel mármol.[19]

Me aventuré a leerlo, a pesar de las curvas, el hedor a vómito, y cierto sentimiento natural de respeto a la vida privada de mi difunto amigo. Recordaría — sí, empezaba con eso — nuestra cotidiana labor en la oficina; quizá, sabría por qué fue declinando, olvidando sus deberes, por qué dictaba oficios sin sentido, ni número, ni "Sufragio Electivo".[20] Por qué, en fin, fue corrido, olvidada la pensión, sin respetar los escalafones.[21]

"Hoy fui a arreglar lo de mi pensión.[22] El licenciado, amabilísimo. Salí tan contento que decidí gastar cinco pesos en un café. Es el mismo al que íbamos de jóvenes y al que ahora nunca concurro, porque me recuerda que a los veinte anõs podía darme más lujos que a los cuarenta. Entonces todos estábamos en un mismo plano, hubiéramos rechazado con energía cualquier opinión peyorativa hacia los compañeros; de hecho librábamos la batalla por aquéllos a quienes en la casa discutían la baja extracción o falta de elegancia.[23] Yo sabía que muchos (quizá los más humildes) llegarían muy alto, y aquí, en la escuela, se iban a forjar las amistades duraderas en cuya compañía cursaríamos el mar bravío. No, no fue así. No hubo reglas. Muchos de los humildes quedaron allí, muchos llegaron más arriba de lo que pudimos pronosticar en aquellas fogosas, amables tertulias.[24] Otros,

[14] **túmulo de cocos** pile of coconuts.

[15] **a . . . viaje** let's hope we hadn't brought bad luck to the whole trip.

[16] **Tierra Colorada** the first large town on the Acapulco to Mexico City highway.

[17] **cartapacio** folder.

[18] **pasaje de ida** one-way ticket.

[19] **de . . . mármol** with graph paper and marble-design covers.

[20] **oficios . . . Electivo"** meaningless letters, without either the appropriate number or "Genuine Elections" typed on them. ("Genuine Elections" is part of a political slogan that government bureaucrats formerly were instructed to include at the end of all official letters.)

[21] **fue . . . escalones** he was removed from his job, his pension forgotten, without regard for proper administrative procedures.

[22] **"Hoy . . . pensión** (Filiberto's written account of his last days begins here.)

[23] **de hecho . . . elegancia** in fact we openly fought for those who were criticized at home for their humble origins or lack of polish.

[24] **fogosas, amables tertulias** spirited, good-natured conversations.

que parecíamos prometerlo todo, quedamos a la mitad del camino, destripados en un examen extracurricular,[25] aislados por una zanja invisible de los que triunfaron y de los que nada alcanzaron. En fin, hoy volví a sentarme en las sillas, modernizadas — también, como barricada de una invasión, la fuente de sodas — , y pretendí leer expedientes.[26] Vi a muchos, cambiados, amnésicos, retocados de luz neón, prósperos. Con el café que casi no reconocía, con la ciudad misma, habían ido cincelándose[27] a ritmo distinto del mío. No, ya no me reconocían, o no me querían reconocer. A lo sumo — uno o dos — una mano gorda y rápida en el hombro. *Adíos, viejo, qué tal.* Entre ellos y yo, mediaban los dieciocho agujeros del Country Club. Me disfracé en los expedientes.[28] Desfilaron los años de las grandes ilusiones,[29] de los pronósticos felices, y, también, todas las omisiones que impidieron su realización. Sentí la angustia de no poder meter los dedos en el pasado y pegar los trozos de algún rompecabezas abandonado;[30] pero el arcón de los juguetes se va olvidando, y al cabo, quién sabrá a dónde fueron a dar los soldados de plomo, los cascos, las espadas de madera. Los disfraces tan queridos, no fueron más que eso. Y sin embargo, había habido constancia, disciplina, apego al deber. ¿No era suficiente, o sobraba?[31] No dejaba, en ocasiones, de asaltarme el recuerdo de Rilke.[32] La gran recompensa de la aventura de juventud debe ser la muerte;[33] jóvenes, debemos partir con todos nuestros secretos. Hoy, no tendría que volver la vista a las ciudades de sal.[34] ¿Cinco pesos? Dos de propina."

"Pepe, aparte de su pasión por el derecho mercantil,[35] gusta de teorizar. Me vio salir de Catedral, y juntos nos encaminamos a Palacio.[36] Él es

[25] **destripados . . . extracurricular** cast to one side as the result of an extracurricular exam (i.e., an examination designed to disqualify those who take it).
[26] **expedientes** dossiers.
[27] **habían ido cincelándose** had gradually shaped themselves.
[28] **Me . . . expedientes** I hid myself in the dossiers.
[29] **Desfilaron . . . ilusiones** The years of great illusions marched by me in review.
[30] **pegar . . . abandonado** piece together the fragments of some abandoned puzzle.
[31] **¿No . . . sobraba?** Wasn't that enough, or was it too much?
[32] **Rilke** Rainer Maria Rilke (1875-1926), an Austrian poet whose lyrical works treat mystical and lofty themes. The idea of early death mentioned in the next sentence is drawn from one of Rilke's most celebrated poems, *The Tale of the Love and Death of Cornet Christopher Rilke* (*Die Weise von Liebe und Tod des Cornets Cristoph Rilke,* 1899).
[33] **La . . . muerte** The great reward for youth's adventure should be death.
[34] **no . . . sal** I wouldn't have to look back and see how sadly things have changed.
[35] **derecho mercantil** commercial law.
[36] **Me . . . Palacio** He saw me leaving the Cathedral (the historical Cathedral that faces the main square in Mexico City) and together we headed for the Palace (the National Palace that faces the same square).

descreído,[37] pero no le basta: en media cuadra tuvo que fabricar una teoría. Que si no fuera mexicano, no adoraría a Cristo, y — No, mira, parece evidente. Llegan los españoles y te proponen adores a un Dios, muerto hecho un coágulo,[38] con el costado herido, clavado en una cruz. Sacrificado. Ofrendado. ¿Qué cosa más natural que aceptar un sentimiento tan cercano a todo tu ceremonial, a toda tu vida? . . . Figúrate, en cambio, que México hubiera sido conquistado por budistas o mahometanos. No es concebible que nuestros indios veneraran a un individuo que murió de indigestión. Pero un Dios al que no le basta que se sacrifiquen por él, sino que incluso va a que le arranquen el corazón, ¡caramba, jaque mate a Huitzilopochtli![39] El cristianismo, en su sentido cálido, sangriento, de sacrificio y liturgia, se vuelve una prolongación natural y novedosa de la religión indígena. Los aspectos de caridad, amor, y la otra mejilla, en cambio, son rechazados. Y todo en México es eso: hay que matar a los hombres para poder creer en ellos."

"Pepe conocía mi afición, desde joven, por ciertas formas del arte indígena mexicano. Yo colecciono estatuillas, ídolos, cacharros.[40] Mis fines de semana los paso en Tlaxcala, o en Teotihuacán.[41] Acaso por esto le guste relacionar todas las teorías que elabora para mi consumo con estos temas. Por cierto que busco una réplica razonable del Chac Mool[42] desde hace tiempo, y hoy Pepe me informa de un lugar en la Lagunilla[43] donde venden uno de piedra, y parece que barato. Voy a ir el domingo."

"Un guasón pintó de rojo el agua del garrafón[44] en la oficina, con la consiguiente perturbación de las labores. He debido consignarlo[45] al director, a quien sólo le dio mucha risa. El culpable se ha valido de esta circunstancia para hacer sarcasmos a mis costillas[46] el día entero, todos en torno al agua. Ch . . .!"[47]

[37] **descreído** disbeliever.
[38] **muerto . . . coágulo** bloodied in death.
[39] **¡caramba . . . Huitzilopochtli!** dammit, checkmate to Huitzilopochtli! (i.e., the Christian God who sacrificed himself was one up on the chief Aztec deity who was satisfied by others being sacrificed in his name.)
[40] **cacharros** earthen pots.
[41] **Tlaxcala . . . Teotihuacán** two locations near Mexico City where ancient Mexican art is displayed.
[42] **Chac Mool** the Aztec Rain God.
[43] **la Lagunilla** a Mexico City marketplace; a popular "flea market."
[44] **"Un . . . garrafón** Some practical joker dyed the contents of the water cooler red.
[45] **He . . . consignarlo** I had to report him.
[46] **hacer . . . costillas** make sarcastic comments at my expense.
[47] **Ch . . . !** a suppressed curse word: "Son of a b— !"

"Hoy, domingo, aproveché para ir a la Lagunilla. Encontré el Chac Mool en la tienducha[48] que me señaló Pepe. Es una pieza preciosa, de tamaño natural, y aunque el marchante asegura su originalidad, lo dudo. La piedra es corriente, pero ello no aminora la elegancia de la postura o lo macizo del bloque. El desleal vendedor le ha embarrado salsa de tomate en la barriga para convencer a los turistas de la autenticidad sangrienta de la escultura."

"El traslado a la casa me costó más que la adquisición. Pero ya está aquí, por el momento en el sótano mientras reorganizo mi cuarto de trofeos a fin de darle cabida.[49] Estas figuras necesitan sol, vertical y fogoso; ése fue su elemento y condición. Pierde mucho en la obscuridad del sótano, como simple bulto agónico, y su mueca parece reprocharme que le niegue la luz. El comerciante tenía un foco exactamente vertical a la escultura, que recortaba todas las aristas,[50] y le daba una expresión más amable a mi Chac Mool. Habrá que seguir su ejemplo."

"Amanecí con la tubería descompuesta.[51] Incauto, dejé correr el agua de la cocina, y se desbordó, corrió por el suelo y llegó hasta el sótano, sin que me percatara.[52] El Chac Mool resiste la humedad, pero mis maletas sufrieron; y todo esto, en día de labores,[53] me ha obligado a llegar tarde a la oficina."

"Vinieron, por fin, a arreglar la tubería. Las maletas, torcidas. Y el Chac Mool, con lama[54] en la base."

"Desperté a la una: había escuchado un quejido terrible. Pensé en ladrones. Pura imaginación."

"Los lamentos nocturnos han seguido. No sé a qué atribuirlo, pero estoy nervioso. Para colmo de males,[55] la tubería volvió a descomponerse, y las lluvias se han colado,[56] inundando el sótano."

"El plomero no viene, estoy desesperado. Del Departamento del Distrito Federal, más vale no hablar. Es la primera vez que el agua de las lluvias no obedece a las coladeras[57] y viene a dar a mi sótano. Los quejidos han cesado: vaya una cosa por otra."[58]

[48] **tienducha** dingy shop.
[49] **a . . . cabida** so as to make room for him.
[50] **que . . . aristas** that made all of its details stand out.
[51] **Amanecí . . . descompuesta** I wakened this morning to find the plumbing acting up.
[52] **sin . . . percatara** without my realizing it.
[53] **en . . . labores** on a working day.
[54] **lama** mud.
[55] **Para . . . males** To make matters worse.
[56] **se han colado** have leaked in.
[57] **coladeras** drains.
[58] **vaya . . . otra** things even out.

"Secaron el sótano, y el Chac Mool está cubierto de lama. Le da un aspecto grotesco, porque toda la masa de la escultura parece padecer de una erisipela[59] verde, salvo los ojos, que han permanecido de piedra. Voy a aprovechar el domingo para raspar el musgo. Pepe me ha recomendado cambiarme a un apartamiento, y en el último piso, para evitar estas tragedias acuáticas. Pero no puedo dejar este caserón, ciertamente muy grande para mí solo, un poco lúgubre en su arquitectura porfiriana,[60] pero que es la única herencia y recuerdo de mis padres. No sé qué me daría ver una fuente de sodas con sinfonola[61] en el sótano y una casa de decoración[62] en la planta baja."

"Fui a raspar la lama del Chac Mool con una espátula. El musgo parecía ya parte de la piedra; fue labor de más de una hora, y sólo a las seis de la tarde pude terminar. No era posible distinguir en la penumbra, y al dar fin al trabajo, con la mano seguí los contornos de la piedra. Cada vez que repasaba el bloque parecía reblandecerse. No quise creerlo: era ya casi una pasta. Este mercader de la Lagunilla me ha timado.[63] Su escultura precolombina es puro yeso, y la humedad acabará por arruinarla. Le he puesto encima unos trapos, y mañana la pasaré a la pieza de arriba, antes de que sufra un deterioro total."

"Los trapos están en el suelo. Increíble. Volví a palpar a Chac Mool. Se ha endurecido, pero no vuelve a la piedra. No quiero escribirlo: hay en el torso algo de la textura de la carne, lo aprieto como goma, siento que algo corre por esa figura recostada . . . Volví a bajar en la noche. No cabe duda: el Chac Mool tiene vello en los brazos."

"Esto nunca me había sucedido. Tergiversé asuntos en la oficina: giré una orden de pago[64] que no estaba autorizada, y el director tuvo que llamarme la atención. Quizá me mostré hasta descortés con los compañeros. Tendré que ver a un médico, saber si es imaginación, o delirio, o qué, y deshacerme de ese maldito Chac Mool."

Hasta aquí, la escritura de Filiberto era la vieja, la que tantas veces vi en memoranda y formas, ancha y ovalada.[65] La entrada del 25 de agosto, parecía escrita por otra persona. A veces como niño, separando

[59] **erisipela** rash.
[60] **arquitectura porfiriana** architectural style associated with the rule of the Mexican president Porfirio Díaz (1830-1915), who held office almost continually from 1876 to 1911.
[61] **fuente . . . sinfonola** soda fountain with a jukebox.
[62] **casa de decoración** interior decoration shop.
[63] **me ha timado** gypped me.
[64] **giré . . . pago** I issued a check voucher.
[65] **ancha y ovalada** broad and sweeping.

trabajosamente cada letra; otras, nerviosa, hasta diluirse en lo ininteligible. Hay tres días vacíos, y el relato continúa:

"Todo es tan natural; y luego, se cree en lo real . . . , pero esto[66] lo es, más que lo creído por mí. Si es real un garrafón, y más, porque nos damos mejor cuenta de su existencia, o estar, si un bromista pinta de rojo el agua . . . Real bocanada de cigarro efímera, real imagen monstruosa en un espejo de circo,[67] reales, ¿no lo son todos los muertos, presentes y olvidados . . . ? Si un hombre atravesara el Paraíso en un sueño, y le dieran una flor como prueba de que había estado allí, y si al despertar encontrara esa flor en su mano . . . , ¿entonces, qué . . . ? Realidad: cierto día la quebraron en mil pedazos, la cabeza fue a dar allá, la cola aquí, y nosotros no conocemos más que uno de los trozos desprendidos de su gran cuerpo. Océano libre y ficticio, sólo real cuando se le aprisiona en un caracol.[68] Hasta hace tres días, mi realidad lo era al grado de haberse borrado hoy:[69] era movimiento reflejo, rutina, memoria, cartapacio. Y luego, como la tierra que un día tiembla para que recordemos su poder, o la muerte que llegará, recriminando mi olvido de toda la vida, se presenta otra realidad que sabíamos estaba allí, mostrenca, y que debe sacudirnos[70] para hacerse viva y presente. Creía, nuevamente, que era imaginación: el Chac Mool, blando y elegante, había cambiado de color en una noche; amarillo, casi dorado, parecía indicarme que era un Dios, por ahora laxo, con las rodillas menos tensas que antes, con la sonrisa más benévola. Y ayer, por fin, un despertar sobresaltado, con esa seguridad espantosa de que hay dos respiraciones[71] en la noche, de que en la obscuridad laten más pulsos que el propio.[72] Sí, se escuchaban pasos en la escalera. Pesadilla. Vuelta a dormir . . . No sé cuánto tiempo pretendí dormir. Cuando volví a abrir los ojos, aún no amanecía. El cuarto olía a horror, a incienso y sangre. Con la mirada negra,[73] recorrí la recámara, hasta detenerme en dos orificios de luz parpadeante, en dos flámulas crueles y amarillas."[74]

[66] **esto** "This" refers here to the extraordinary series of occurrences that Filiberto has experienced. He begins now to make room in "reality" for a living Chac Mool by questioning his previous limited understanding of reality. What follows are illustrations of our imperfect comprehension of our surroundings.
[67] **Real . . . circo** Real (is) the ephemeral cloud of cigarette smoke, real the monstrous image in a distorting circus mirror.
[68] **Océano . . . caracol** Free and make-believe Ocean, real only when it is imprisoned in a snail's shell.
[69] **lo . . . hoy** was such that today it would scarcely exist.
[70] **mostrenca . . . sacudirnos** floating free and detached, and that must jolt us.
[71] **dos respiraciones** two persons breathing.
[72] **el propio** my own.
[73] **Con . . . negra** With a blank gaze.
[74] **en dos orificios . . . amarillas** on two openings of blinking light, on two cruel yellow pennants.

"Casi sin aliento encendí la luz."

"Allí estaba Chac Mool, erguido, sonriente, ocre, con su barriga encarnada. Me paralizaban los dos ojillos, casi bizcos, muy pegados a la nariz triangular.[75] Los dientes inferiores, mordiendo el labio superior, inmóviles; sólo el brillo del casquetón cuadrado sobre la cabeza anormalmente voluminosa, delataba vida.[76] Chac Mool avanzó hacia la cama; entonces empezó a llover."

Recuerdo que a fines de agosto, Filiberto fue despedido de la Secretaría, con una recriminación pública del director, y rumores de locura y aun robo. Esto no lo creía. Sí vi unos oficios descabellados, preguntando al Oficial Mayor[77] si el agua podía olerse, ofreciendo sus servicios al Secretario de Recursos Hidráulicos[78] para hacer llover en el desierto. No supe qué explicación darme; pensé que las lluvias excepcionalmente fuertes, de ese verano, lo habían enervado.[79] O que alguna depresión moral debía producir la vida en aquel caserón antiguo, con la mitad de los cuartos bajo llave y empolvados,[80] sin criados ni vida de familia. Los apuntes siguientes son de fines de septiembre:

"Chac Mool puede ser simpático cuando quiere . . . , un glu-glu de agua embelesada[81] . . . Sabe historias fantásticas sobre los monzones, las lluvias ecuatoriales, el castigo de los desiertos; cada planta arranca de su paternidad mítica: el sauce, su hija descarriada; los lotos, sus mimados;[82] su suegra: el cacto. Lo que no puedo tolerar es el olor, extrahumano, que emana de esa carne que no lo es, de las chanclas flamantes de ancianidad.[83] Con risa estridente, el Chac Mool revela cómo fue descubierto por Le Plongeon,[84] y puesto, físicamente, en contacto con hombres de otros símbolos. Su espíritu ha vivido en el cántaro y la tempestad, natural;[85] otra cosa es su piedra, y haberla arrancado al escondite[86] es artificial y

[75] **dos . . . triangular** two little, almost crossed eyes, set close to the triangular nose.
[76] **sólo . . . vida** only the glistening squarish headgear on the abnormally large head suggested signs of life.
[77] **Oficial Mayor** Undersecretary.
[78] **Secretario de Recursos Hidráulicos** Bureau of Water Resources.
[79] **lo habían enervado** had unnerved him.
[80] **bajo . . . empolvados** locked and dusty.
[81] **un . . . embelesada** a gurgle of enchanted water.
[82] **el sauce . . . mimados** the willow, his displaced daughter; the lotuses, his spoiled children.
[83] **de . . . ancianidad** of boots reeking with age.
[84] **Le Plongeon** the French archeologist who discovered the statue of Chac Mool in Yucatán in the early nineteenth century.
[85] **Su . . . natural** His spirit has lived naturally in the water jug and in the tempest.
[86] **haberla . . . escondite** having uprooted it from its hiding place.

cruel. Creo que nunca lo perdonará el Chac Mool. Él sabe de la inminencia del hecho estético.[87]

"He debido proporcionarle sapolio[88] para que se lave el estómago que el mercader le untó de *ketchup* al creerlo azteca. No pareció gustarle mi pregunta sobre su parentesco con Tláloc,[89] y, cuando se enoja, sus dientes, de por sí repulsivos, se afilan y brillan. Los primeros días, bajó a dormir al sótano; desde ayer, en mi cama."

"Ha empezado la temporada seca. Ayer, desde la sala en la que duermo ahora, comencé a oír los mismos lamentos roncos del principio, seguidos de ruidos terribles. Subí y entreabrí la puerta de la recámara: el Chac Mool estaba rompiendo las lámparas, los muebles; saltó hacia la puerta con las manos arañadas, y apenas pude cerrar e irme a esconder al banõ . . . Luego, bajó jadeante y pidió agua; todo el día tiene corriendo las llaves, no queda un centímetro seco en la casa. Tengo que dormir muy abrigado, y le he pedido no empaper la sala más."*

"El Chac Mool inundó hoy la sala. Exasperado, dije que lo iba a devolver a la Lagunilla. Tan terrible como su risilla — horrorosamente distinta a cualquier risa de hombre o animal — fue la bofetada que me dio, con ese brazo cargado de brazaletes pesados. Debo reconocerlo: soy su prisionero. Mi idea original era distinta: yo dominaría al Chac Mool, como se domina a un juguete; era, acaso, una prolongación de mi seguridad infantil; pero la niñez — ¿quién lo dijo? — es fruto comido por los años, y yo no me he dado cuenta . . . Ha tomado mi ropa, y se pone las batas cuando empieza a brotarle musgo verde. El Chac Mool está acostumbrado a que se le obedezca, por siempre; yo, que nunca he debido mandar, sólo puedo doblegarme.[90] Mientras no llueva — ¿y su poder mágico?[91] — vivirá colérico o irritable."

"Hoy descubrí que en las noches el Chac Mool sale de la casa. Siempre, al obscurecer, canta una canción chirriona[92] y anciana, más vieja que el canto mismo. Luego, cesa. Toqué varias veces a su puerta, y cuando no me

*Filiberto no explica en qué lengua se entendía con el Chac Mool.

[87] **El . . . estético** He knows of the imminence of the esthetic effect. (This is a reference to an idea put forth by the Argentine writer Jorge Luis Borges [1899-] in a famous essay. Borges suggests that things unfulfilled or out of place produce— through the suspended anticipation of the beholder— perhaps the essential esthetic effect. Chac Mool, of course, is out of his natural element.)

[88] **sapolio** detergent.

[89] **Tláloc** the Central American name for the same god; Chac Mool is the Aztec (Mexican) term.

[90] **doblegarme** give in.

[91] **¿y . . . mágico?** what of his magical power?

[92] **chirriona** out of tune.

contestó, me atreví a entrar. La recámara, que no había vuelto a ver desde el día en que intentó atacarme la estatua, está en ruinas, y allí se concentra ese olor a incienso y sangre que ha permeado la casa. Pero, detrás de la puerta, hay huesos; huesos de perros, de ratones y gatos. Esto es lo que roba en la noche el Chac Mool para sustentarse. Esto explica los ladridos espantosos de todas las madrugadas."

"Febrero, seco. Chac Mool vigila cada paso mío; ha hecho que telefonee a una fonda para que me traigan diariamente arroz con pollo. Pero lo sustraído de la oficina ya se va a acabar.[93] Sucedió lo inevitable: desde el día primero, cortaron el agua y la luz por falta de pago. Pero Chac ha descubierto una fuente pública a dos cuadras de aquí; todos los días hago diez o doce viajes por agua, y él me observa desde la azotea. Dice que si intento huir me fulminará;[94] también es Dios del Rayo. Lo que él no sabe es que estoy al tanto de sus correrías nocturnas . . . Como no hay luz, debo acostarme a las ocho. Ya debería estar acostumbrado al Chac Mool, pero hace poco, en la obscuridad, me topé con él en la escalera, sentí sus brazos helados, las escamas de su piel renovada, y quise gritar."

"Si no llueve pronto, el Chac Mool va a convertirse en piedra otra vez. He notado su dificultad reciente para moverse; a veces se reclina durante horas, paralizado, y parece ser, de nuevo, un ídolo. Pero estos reposos sólo le dan nuevas fuerzas para vejarme, arañarme, como si pudiera arrancar algún líquido de mi carne. Ya no tienen lugar aquellos intermedios amables en que relataba viejos cuentos; creo notar un resentimiento concentrado. Ha habido otros indicios que me han puesto a pensar: se está acabando mi bodega;[95] acaricia la seda de las batas; quiere que traiga una criada a la casa; me ha hecho enseñarle a usar jabón y lociones. Creo que el Chac Mool está cayendo en tentaciones humanas; incluso hay algo viejo en su cara que antes parecía eterna. Aquí puede estar mi salvación: si el Chac se humaniza, posiblemente todos sus siglos de vida se acumulen en un instante y caiga fulminado. Pero también, aquí, puede germinar mi muerte: el Chac no querrá que asista a su derrumbe, es posible que desee matarme."

"Hoy aprovecharé la excursión nocturna de Chac para huir. Me iré a Acapulco; veremos qué puede hacerse para adquirir trabajo, y esperar la muerte de Chac Mool: sí, se avecina,[96] está canoso, abotagado.[97] Necesito

[93] **Pero . . . acabar** But the money taken from the office is going to run out soon.
[94] **me fulminará** he will strike me dead with a bolt of lightning.
[95] **se . . . bodega** my wine cellar is being depleted.
[96] **se avecina** it is approaching.
[97] **abotagado** bloated.

asolearme, nadar, recuperar fuerza. Me quedan cuatrocientos pesos. Iré a la Pensión Müller, que es barata y cómoda. Que se adueñe de todo el Chac Mool: a ver cuánto dura sin mis baldes de agua."

Aquí termina el diario de Filiberto. No quise volver a pensar en su relato; dormí hasta Cuernavaca.[98] De ahí a México pretendí dar coherencia al escrito, relacionarlo con exceso de trabajo, con algún motivo sicológico. Cuando a las nueve de la noche llegamos a la terminal, aún no podía concebir la locura de mi amigo. Contraté una camioneta para llevar el féretro a casa de Filiberto y desde allí ordenar su entierro.

Antes de que pudiera introducir la llave en la cerradura, la puerta se abrió. Apareció un indio amarillo, en bata de casa, con bufanda. Su aspecto no podía ser más repulsivo; despedía un olor a loción barata; su cara, polveada, quería cubrir las arrugas; tenía la boca embarrada de lápiz labial mal aplicado, y el pelo daba la impresión de estar teñido.

— Perdone . . ., no sabía que Filiberto hubiera . . .

— No importa; lo sé todo. Dígale a los hombres que lleven el cadáver al sótano.

EXERCISES

A. Questions

1. ¿Por qué había ido el narrador a Acapulco?
2. ¿Qué leyó el narrador durante el viaje de Acapulco a México?
3. ¿Qué había pasado con el trabajo que tenía Filiberto en la Secretaría?
4. ¿Qué le sugiere a Filiberto su visita al café que frecuentaba en su juventud?
5. Según Pepe, ¿cómo se compara el cristianismo con la religión indígena?
6. ¿Con qué cree Filiberto que su amigo Pepe relacione sus temas de conversación con él?
7. ¿Qué clase de estatua buscaba Filiberto?
8. ¿En qué condiciones estaba la imagen de Chac Mool?
9. ¿De dónde procedieron los lamentos que oía Filiberto de noche?
10. ¿Qué pasaba con la piedra de la estatua?
11. Dadas las ocurrencias, ¿qué piensa Filiberto de la realidad?

[98] **Cuernavaca** A resort city some 60 miles southeast of Mexico City.

12. ¿Qué significaba el hecho de que había dos respiraciones en la casa?
13. ¿Qué cambios se notaban en la actitud de Filberto en la oficina?
14. ¿Por qué no devolvió Filiberto la estatua a la Lagunilla?
15. ¿Por qué salía el Chac Mool de noche?
16. ¿Qué costumbres humanos había adoptado el Chac Mool?
17. ¿Por qué al final se fue Filiberto a Acapulco?
18. ¿Qué le pasó allí?
19. ¿Quién era el indio amarillo que recibió al narrador en la puerta de la casa de Filiberto?
20. ¿Por qué cree usted que el indio pidió que llevaran el cadáver al sótano?

B. Translation

Using the verbs listed in the right-hand column, translate the sentences into Spanish.

1. a) Imagine (**Uds.**) that Buddhists had conquered Mexico.	**figurarse**
b) I imagined that I could finish the job in a week.	
2. a) Filiberto was used to his friends' success.	**estar acostumbrado a**
b) I'm accustomed to his lack of interest.	
3. a) The basement smelled of something strange.	**oler a**
b) The whole house smells of paint.	
4. a) Filiberto ran across his old friend Pepe downtown.	**toparse con**
b) I hope I don't run into Paula tonight.	
5. a) He reminded me that Filiberto had lost his job.	**recordar**
b) Remind me that we're eating at 8:00 tonight.	
6. a) Part of the story takes place in Acapulco.	**tener lugar**
b) Where will the exam take place?	
7. a) I am aware of what Choc Mool does at night.	**estar al tanto de**
b) She was aware of his plan to get another job.	

8. a) Filiberto made use of his friend's comment to find the statue. — **valerse de**
   b) Who wouldn't take advantage of this opportunity?
9. a) There were plenty of friends in the café who didn't want to recognize him. — **sobrar**
   b) Will there be any money left over?
10. a) Filiberto enjoys collecting Mexican art. — **gustar de**
    b) Ana used to enjoy going to Cuernavaca in December.

C. Drill on Expressions

From the expressions on the right, select the one which best translates the word(s) in italics.

1. Los conquistadores no eran ingleses, *but* españoles.
2. *Once again,* trató de convencerme.
3. *Perhaps* ya no tengan interés en seguir trabajando.
4. Me mandó una carta totalmente *meaningless.*
5. Lo he hecho *so that* tú puedas entender.
6. *On the contrary,* me gustaría acompañarte.
7. Quién sabe, *in the end,* dónde va a terminar todo esto.
8. Me ayudaron dos o tres personas, cuatro *at the most.*
9. *To make matters worse,* empezó a llover.
10. *In fact,* nadie se oponía a ello.

por el contrario
de hecho
a lo sumo
para colmo de males
acaso *or* quizás
al cabo
sino
nuevamente
para que
sin sentido

D. "Context" Exercise (oral or written)

Express the ideas described in the following sentences in Spanish, avoiding a word-for-word translation. The purpose is to think in Spanish and create your own statement.

1. Indicate that you haven't been able to recall the name of the boarding house.
2. Express the idea that someday perhaps you will be able to study Indian art in Mexico.

3. Tell Enrique that you'll give him a key so that he can return late if he wishes.
4. Indicate that you didn't spend the summer in Acapulco but in Cuernavaca.
5. Say that you told the men to take the suitcases to the basement.

E. Review Exercise

The following verbs, taken from *Chac Mool,* have appeared in previous stories. Check your familiarity with them by a) composing a statement using each of them; then b) composing a *question* that is answered by that statement.

Example: **amanecer**

Statement: Amanecí con un pequeño dolor de cabeza.

Question: ¿Amaneciste bien hoy?

atreverse a, convertirse en, darse cuenta de, llamar la atención, ponerse

VOCABULARIO

The following types of words have been omitted from this vocabulary: (a) exact or easily recognizable cognates; (b) well-known proper and geographical names; (c) proper nouns and cultural, historical, and geographical items explained in footnotes; (d) individual verb forms (with a few exceptions); (e) regular past participles of listed infinitives; (f) some uncommon idioms and constructions explained in footnotes; (g) diminutives in **-ito** and **-illo** and superlatives in **-ísimo** unless they have a special meaning; (h) days of the week and months; (i) personal pronouns; (j) most interrogatives; (k) possessive and demonstrative adjectives and pronouns; (l) ordinal and cardinal numbers; (m) articles; (n) adverbs in **-mente** when the corresponding adjective is listed; and (o) most common prepositions.

Several of the above principles have not been applied strictly. In many cases, where there seemed to be some doubt that a given term would be familiar, it was included.

The gender of nouns is not listed in the case of masculine nouns ending in **-o**, **-on**, and **-or**, and feminine nouns ending in **-a**, **-dad**, **-ez**, **-ión**, **-tad**, and **-tud**. A few irregular nouns such as **veces** are listed both as singular and plural. Most idioms and expressions are listed under their two most important words. Radical changes in verb conjugations are indicated thus: (**ue**), (**ie**, **i**), etc. Prepositional usage is given in parentheses after verbs. A dash means repetition of the key word. Parentheses are also used for additional explanation of the definition.

Abbreviations

adj.	adjective	*f.*	feminine	*lit.*	literally
adv.	adverb	*ger.*	gerund	*m.*	masculine
Arg.	Argentine	*inf.*	infinitive	*n.*	noun
dim.	diminutive	*imp.*	imperative	*p.p.*	past participle
e.g.	for example	*interj.*	interjection	*pl.*	plural

A

abajo down; below
abalanzar(se) to throw oneself
abanicar to fan
abanico fan
abarcar to encompass
abeja bee
ablandar to soften
abogado lawyer
abogar to intercede
abolir to abolish
abordar to speak abruptly to
aborrecer to despise
abrazar to embrace
abrigar to protect; to keep one warm
abrigo overcoat
absorto absorbed
abuelo grandfather
abultar to appear large
aburrimiento boredom
acabar to finish, end; — **de** to have just; — **por** to end up by
acalambrado cramped
acariciar to caress
acaso perhaps; **por si** — just in case
acercarse to approach
acoloradamente heatedly
acomodo needs
acordarse (ue) (de) to remember
acostarse (ue) to lie down; to go to bed
actual present, current
actuar to act, operate
acudir to respond; to go
acuerdo agreement
adelante ahead, onward
además besides
adiestramiento training
adivinar to guess; to imagine
adquirir to acquire
adueñarse de to take possession of
advertir (ie, i) to notice; to warn
adyacente adjacent
afanarse to make a great effort
afanoso laborious
aferrarse (a) to grab (onto)
afeitar(se) to shave (oneself)
aficionado *adj.* fond
afición fondness
afilar to sharpen; — **se** to become sharp
afligir to distress
aflojar to let loose
afuera outside
agacharse to squat
agarrar to grab, seize, hold on to
agónico suffering
agonizar to agonize, be in the throes of death
agotado exhausted
agradar to please
agraz: en — still short
agregar to add
agrio bitter; stale
agrupar to gather
aguamanil *m.* washstand
aguantar(se) to endure, put up with; to resist
aguardar to await, wait
aguja needle
agujero hole
ahogado drowned
ahogar to stifle; to drown; to choke
ahogo suffocation
ahorrar to save
aislar to isolate, separate
ajustadores *m. pl.* brassiere
ajustar adjust
ala wing
alargar to extend
alcanfor *m.* camphor
alcantarilla sewer drain
alcanzar to achieve, attain; to offer; to catch up (with), reach; to invade
alfombra rug
alegrarse (de) to be happy, pleased (about)
alejarse to go off, away
alemán German

alentar (ie) to encourage
aleta nostril
alforja saddlebag
aliento breath
alimentar (ie) to feed, nourish
alisar(se) to smooth
alistar to get ready
alivio relief
alma soul
almacén *m.* warehouse
almena fortress tower
almorzar (ue) to have lunch
alto high; **en —** raised
altura height; **— s** stage
alucinado dazzled
alumbrar to illuminate
alzar to raise
amable friendly
amanecer to waken in the morning
amargarse to become bitter
amargura bitterness
amarrar to tie (up)
ambarino amber-colored
ambos, -as both
amenaza threat
aminorar to decrease
amnésico forgetful
amplia full
ampuloso full
anca haunch
ancho wide
angosto narrow
ángulo corner
anillo ring
animar to animate
ánimo: dar — s to encourage
ansia anxiety
ansiar to yearn
ansiedad anxiety
anterior previous
anudar to tie
añadir to add
apacentar (ie) to graze
apaciguarse to calm down
apagar to muffle; **— se** to go out, extinguish
aparato machine
aparejo packsaddle
aparte separate; **— de** aside from
apego dedication
apenas scarcely
apero riding gear
apestado despised person
aplastar to flatten
apodado nickname
apoltronarse to lounge, sprawl out
apoyar to lean
apresurar(se) to hurry
apretar (ie) to press, clench
aprovechar de to take advantage of
aproximarse (a) to approach
apuntar to aim
apunte *m.* notation
apuro haste
araña spider; chandelier
arañar to scratch
arco bow
arcón box
arder to burn
arenal *m.* sand pit
arma weapon
armario closet
arrancar to tear (out); to derive
arrastrar to drag, carry along
arrear to drive (cattle)
arreglar to arrange, settle
arriba up; **— abajo** up and down
arrinconado forgotten, abandoned
arrojar to toss
arroyo stream; creek bed
arroz *m.* rice
arruga wrinkle
arrugado wrinkled
ascensor *m.* elevator
asco disgust; nausea
aseado groomed
asegurar to assure
asentado erect

asentir (ie) to assent, agree
asesino murderer
asiento seat
asolearse to sunbathe
asomarse (a) to look (out)
asombrar to surprise
aspavientos *m. pl.* fuss
aspecto appearance
áspero harsh, rugged
aspirar to breathe
astucia astuteness, shrewdness
asustar to scare
atardecer *m.* late afternoon
atenerse (ie): — a to stick to an idea
atento attuned
atenuado subdued
aterrado terrified
atinar (a) to succeed (in)
atisbado watching
atónito astonished
atrás back, backward
atravesar to cross; to pierce, penetrate; to go through
atreverse (a) to dare (to)
aturdido bewildered, distraught
aula *m.* classroom
aullido howl
aumentar to increase
aún still
aventurar to venture
avergonzado ashamed
averiguar to find out
avezado experienced
avistar to catch sight of
azotar to beat
azulino bluish

B

bajar to go down; to take down, lower; **—se (de)** to get out (of a vehicle)
bala bullet
balance *m.* rocking chair
balancearse to rock, swing
balazo gunshot
balbucear to stammer
balde *m.* bucket
bandeja tray
barato cheap
barba beard
barniz *m.* varnish
barquinazo bump, bounce
barriga belly
barro mud, clay
bastar to be enough, suffice
bastón cane, walking stick
bata bathrobe; **— de cama** housecoat
batir to whip, stir
bebida drink
bendito blessed
biblioteca library
bicho bug; "bird"
bien: más — rather
bigotazo large moustache
bisabuelo great-grandfather
bizco cross-eyed
blando soft
boca mouth; **— de salida** exit
bocanada mouthful
bocaza big mouth
bocina car horn
bofetada slap in the face
bola herd
bolsillo pocket
boquete *m.* hole
borde *m.* edge
borracho drunk
bosque *m.* forest
bostezar to yawn
bóveda vault, cave
bravío tempestuous
brazo arm
brillar to shine, gleam
brillo gleam
brincar to leap
brocha brush
broma joke, jest

brotar to sprout, spring forth
buche *m.* mouthful
buey *m.* ox
bufanda scarf
bulto form
busca: en — de in search of
butacón armchair

C

cabalgadura mount; horse
cabalgar to ride (a horse)
caballete *m.* roof ridge
cabaña cabin
cabello hair
cabo end; **al —** in the end; **al — de** at the end of, after; **al fin y al —** when all is said and done
cacerina chamber
cacerola basin
cacto cactus
cacharro earthen pot
cacho: — de lotería lottery ticket
cada each; **— cual** each person
cadera hip
café *m.* coffee; *adj.* tan
caja box; drawer
calentar (ie) to heat
cálido warm
callado silent
callar to quiet
cámara chamber
cambio change; **en —** on the other hand
camino road
camioneta truck
camisa shirt
campo field, tilled land; country
canalla wretch
canastilla basket
cancel *m.* wooden screen
canoso white; white-haired
cantimplora canteen
capa layer
capaz capable
capricho whim
cara face; **— larga** sad face
caracol *m.* snail
caracolear to wheel
¡caramba! *interj.* oh, dear!
cargadores *m. pl.* suspenders
cargar to lean (against)
caricia caress
cariño affection
carne *f.* meat, flesh
carpeta table cover
carrera racing
carrizo reed grass
cascabel *m.* rattle
cascada waterfall, cascade
casco helmet
casero homemade
caso: hacer — to pay attention
castigar to punish
casual random, chance
caucho rubber
cauteloso cautious
cazar to hunt
celeste sky blue
célula cell
cena dinner
cerca *m.* fence; **— (de)** near, close (to)
cerebro brain
ceremonial ritual
cerveza beer
cerradura lock
cerrar (ie) to close
cerro hill
cerrojo bolt
césped *m.* grass, lawn
cibernética cybernetics
cicatriz *f.* scar
ciego blind
cielo sky
cielorrazo flat ceiling
ciertamente certainly, to be sure

cifra cipher, number
cima crest, peak
cinto belt
cintura waist
cinturón belt
clandestino secret
claridad brightness
claro light, bright; **ojos — s** blue eyes
claror *m.* light, brilliance
clausura confinement
clavar to nail, fix; to stick into
clavo nail
cobardía act of cowardice
cobertor bedspread
cocina kitchen
codo elbow; turn
coger to pick up; to catch
cola tail
coladera perforated drain cover
colarse (ue) to flow in; to filter
colegio school
colérico angry
colgar (ue) to hang (up)
colocar to place, put, set
comezón tingling
cómoda chest of drawers
cómodo comfortable
compadre *m.* godfather; buddy
comprobar (ue) to discover, find out
comprometer to compromise; **— se** to become engaged
concurrido popular, well-attended
concurrir to attend, go to
confiar to confide; **— se en** to trust in
confundir to confuse; **— se** to become confused
conjunto group, collection
conminar to invite challenge
conseguir to get, obtain
consignar to hand over
consistir (en) to consist (of)
consola console table
constancia steadiness
consumo consumption
contar (ue) to count; to tell; **— con** to count on
contención strife, dispute
contiguo adjacent, nearby
contorno environs; outline
contra against
convencer to convince
convenir (ie) to be suitable, becoming; to be important
convidar to invite; to treat
corbata tie
corcovear to buck
corregir (i) to correct
correoso leathery
correría jaunt
corretear to ramble
corrida round
corriente common
cosechar to harvest
costado side
costal *m.* sack
cotidiano daily
crecer to grow
crespo curly
criada maid
crín *m.* mane
cristal *m.* pane, glass
crujido rustle, crackling
cruzar to cross
cuaderno notebook
cuadra block; stable
cuadrado square
cuadrilla party, patrol
cuanto: en — a as for
cuello neck; collar
cuenta account; bill; **darse — de** to realize
cuero leather
cuesta slope
cuidar (de) to take care (to) (of)
culpa blame, guilt
culpable guilty person

cumbre *f.* peak
cumplir to fulfill, accomplish
cuna cradle
curar to take care of
cursar to study; to take on
curtido weather-beaten

CH

chaleco waistcoat
chamuscado scorched
chamusquina scorched smell
charco pool, puddle
chasquear to click
chato flattened
chicharra door release buzzer
chillido screech
chiquilín *(dim.)* young child
chisporroteo sputtering
chorizo sausage
chorro gush, stream

D

dañar to injure, hurt
daño harm; **hacer —** to harm
dar: ir (venir) a — to end up
debatir to argue
deber *m.* duty
deberes *m.pl.* homework
decano dean
decepcionado disappointed
decididamente determinedly
declive *m.* slope
dedo finger, toe
degollar (ue) to cut one's throat
dejar to let, allow; **— caer** to drop; **— de** to fail, cease to
delantero front
delatar to reveal
delgado slender
delicioso delightful
demacrado gaunt
demás: los — the others, the rest
demorar to delay; to take (time)
derredor: en — all around
derrumbarse to collapse
derrumbe *m.* collapse
detener(se) (ie) to stop
desabotonar to unbutton, unhook
desafiar to challenge
desamparo desertion; desolation
desazón displeasure
desbocar to break away
desbordante overflowing
desbordarse to overflow
descabellado absurd, unreasonable
descalzo barefoot
descampado clearing; **en el —** outdoors
descansar to rest
descanso rest; stair landing
descargar to unload; to deal a blow; to exert
descomunal oversized
descreído non-believer
desdibujado softened
desfalleciente languishing
desfiladero narrow pass
desfilar to file
desfondado unfinished
desgano reluctance
desgarrón tear
deshacer to undo; **—se de** to get rid of
desleal untrustworthy
deslizamiento slide
deslizarse to slip, skid
desmejorar to deteriorate
desmenuzar to examine minutely
desmesurado disproportionate
desmoronar to collapse; to cause to crumble
desnudez naked part
desnudo naked, nude
despacio slow, slowly
despachar to send off

despedir (i) to fire; to give off; **— se** to say goodbye
despejar to clear; **— se** to clear one's mind
despertar (ie) to awaken; *m. n.* awakening
despierto smart
desplegado unfolded
desplomarse to tumble down
despojar to despoil, strip of property
desprenderse to break loose, detach, separate
desquite *m.* revenge
destello glow
destemplado shrill
desteñido murky
desterrado exiled
destreza dexterity, skill
desvelar(se) to be awake, sleepless
desviar to go astray
diablo devil
diablura prank, mischief
diario newspaper
dibujante *m. or f.* sketcher
dibujar to draw
dibujo design
difunto dead person
diluirse to dilute; to weaken
diminuto very small, diminutive
dirigir to direct
disfraz *m.* disguise
disimular feign, hide (something)
disparar to fire; **— se** to go off, away
displicente ill-humored
disponer to arrange; **— se a** to get ready to
divertirse (ie, i) to have a good time, enjoy oneself
divisar to catch sight of
dizque = **diga(s)**
doler (ue) to hurt, ache
dolorido aching
domador horse tamer
dominó a popular card game
dorado gilded, golden
dormido asleep
dorso back
dudar to doubt; to hesitate
dueño owner
dulce-guayaba guava jelly
duradero lasting

E

echar to throw; **— se** to move; **— se a** to start to; **— a** to begin; **— un vistazo** to have a glance
edificar to build
elegir (i) to select
eludir to evade
embargo lien; **sin —** nevertheless
embarrar to cover with mud; to smear
emborrachar to get drunk
embriagar to intoxicate
emocionar to move, touch
empañar to cloud over
empapado soaked, drenched
empapar to soak
empeñar to insist
empleo job
emplumar to adorn with feathers
emprender to undertake
empujar to push
empujón shove
encabritar to rise up on the hind feet
encapuchado conspirator (*lit.* hooded)
encargar to order; to commission; **— se de** to take charge of
encargo request
encarnado reddened
encender (ie) to light
encerrar (ie) to enclose
encierro enclosure
encima over, above
encogerse to curl up; **— de hombros** to shrug one's shoulders
encolerizar to enrage

encrespado wrinkled, curled up
endemoniado possessed
endulzar to sweeten
endurecer to harden
enebro juniper
engominado slicked down
engorroso annoying
enjoyado bejeweled
enjuiciado sought by the law
enjuto lean
enloquecido driven mad
enojar to anger; **— se** to get angry
enraizar to sink roots
enredarse to become entangled
enrevesado unlikely, unnatural
enriquecerse to get rich
enronquecerse to grow hoarse
enroscado to entwine, engulf
ensayar to practice
enseñar to show; to teach
ensimismado absorbed in thought
entero entire; **por —** entirely
entierro burial
entornado ajar
entrada entry
entrecortado interrupted
entrechocar to clash
entretanto meanwhile
entretener (ie) to entertain
entreverarse to lose, hide oneself
enunciar to declare
envejecer to grow old, age
envidia envy
envolver (ue) to envelop
época age, epoch
epopeya epic
equivocarse to be mistaken
erguido erect
erguir to sit erect
errar to miss
esbelto slender
esbozo sketch
escama scale
escape: a — in great haste
escarabajo scarab
esclavizar to enslave
escoltar to accompany
esconder to hide
escondite *m.* hiding place
escote *m.* low neck (of a dress)
escupidero spitoon
escurrirse to slide, slip
esfumado shaded
esmaltado enameled
esmero painstaking care
espada sword
espalda back
espantar to scare; to brush away
espantoso frightening
especie *f.* kind
espejo mirror
esperanza hope
esperar to wait; to await
espía spy
esponjarse to turn into a puddle
espuma froth, foam
estallar to explode
estancia country estate
estante *m.* shelf
estatua statue
estilo style; **por el —** similar, such
estirar(se) to stretch, elongate
estrecho narrow
estrella star
estrellar(se) to smash
estremecerse to shudder
estremecimiento shudder
estridente high-pitched
estupor *m.* amazement
evitar to avert, prevent
excusado toilet
exhorto summons
exigir to demand
éxito success; **tener —** to be successful
exortado under a summons
explicar to explain
explorador scout

exposición exhibition, display
extender (ie) to spread (out)
extenuación overexertion
extraer to extract, remove, take out
extrañado surprised, confused
extrañar to miss
extraño foreign
extraviarse to become lost

F

fábrica factory
falda skirt
faltar to lack; to remain (to do)
fanal *m.* glass bell-jar cover *(for food)*
farol *m.* street lamp
fatigosamente wearisomely
fe *f.* faith
fealdad ugliness
felicidad happiness; **— misma** happiness itself
felpa felt
féretro coffin
fiarse (de uno) to trust (someone)
fidelidad faithfulness
fijar to fix; **— se en** to notice
filatélico *adj.* stamp
filo edge
fin *m.* end; **a — de (que)** for the purpose of, so that; **al — y al cabo** when all is said and done; **por —** finally
flaco skinny
flanquear to run beside
flecha arrow
flechar to shoot arrows at
flor *f.* flower, fruit, product
foco spotlight
fogata campfire
fogoso fiery
follaje *m.* foliage
fonda restaurant
fondo bottom; back, rear; background
forjar to forge
forzadamente with effort
forzosamente necessarily
frecuentarse to spend time with one another
frenar to brake
frenético frantic
fresco cool
fuego fire
fuente *f.* platter
fuera outside
fuerza strength; **a — de** by dint of
fugaz fleeting
fulgor *m.* glow
fulmíneo explosive
fumar to smoke
funda holster
fundación founding
fusilamiento (death by) shooting
fusilar to execute by firing squad

G

gabinete *m.* office; cabinet
galán *m.* lover
galletica cookie
gallinazo turkey buzzard
ganado cattle
ganancia gain, earning
ganar to earn, gain, attain; **— se la vida** to make a living
ganas *f. pl.* desire; **tener — de** to feel like
garganta throat
gárgara: hacer — s to gargle
garrafón water cooler
gatillo trigger
gato cat
gaveta drawer
gemir (i) to moan
gesto gesture
gigante *m.* giant
girar to turn

giro turn
gitana gypsy
glacial frigid
gracioso amusing
gritar to shout
gobierno government; rule
golpe *m.* blow, stroke
golpear to beat
goma rubber
gordo fat, large
grabar to engrave
grasa grease
grillo cricket
gris grey
grueso fat, thick
gruñido grunt
gruta cavern, grotto
guaraní *m.* an Indian language *(spoken extensively in Paraguay)*
guardar to put away; to hold; to save up
guardia guard
guerrera tunic
guerrero warrior
guiso stew
gusano worm
gusto taste, flavor

H

haba lima bean
habilidad skill
habitar to inhabit
hacienda ranch; country estate
hallazgo discovery
hambre *f.* hunger
hartarse (de) to get one's fill (of)
harto *adv.* sufficiently, quite; *adj.* fed up
hazaña deed
hebilla buckle
hebra thread
hedor *m.* stench
heladera refrigerator
helado icy; frozen
herencia legacy, inheritance
herida wound
hervir (ie) to boil
hierba grass, plant
hilaridad hilarity, merriment
hilo thread, line
hinchar to swell
historia story
hocico snout
hoguera bonfire
hoja blade
hojarasca underbrush
hombro shoulder; **encogerse de —s** to shrug one's shoulders
hondo deep
hormiga ant
hormiguero anthill
horno oven
horrorizar to horrify; **—se** to be horrified
hosco gloomy
hostigar to plague
huella trace
hueso bone
huevo egg
huida flight; escape
huidizo fugitive
huir to flee
humeante steaming
humilde humble
hundir to sink
hurgar to poke, explore

I

igual same
ijar *m.* flank
imborrable ineradicable
impasibilidad impassivity
inpávido calm
impedir (i) to prevent

imponerse to assert oneself
importe *m.* amount, cost
imprevisto unforeseen
imprimir to impose
improperio insult
incauto careless
incierto uncertain
incluso even
inconfundible unmistakable
incontenible uncontainable
incorporarse to sit up
incurrir (en) to fall (into)
indagar to inquire; to explore
indemnización compensation
indicio indication
indígena Indian
indócil resistant
inesperadamente unexpectedly
infecto stinking
inferior lower
injuria curse
injuriar to curse
inmediato: de — immediately
inquietar to disturb
inservible useless
insólito unaccustomed
insoportable intolerable
insospechado unlikely, unsuspected
intentar to try
internar to go into, penetrate (an area)
introducir to insert
introito prologue
inundir to flood
irguió = *pret. of* **erguir**
ironizar to say ironically
irreal unreal

J

jabón soap
jadeante panting
jadear to pant
jadeo panting
jamás never
jaspeado spotted
jaula cage
jinete *m.* horseman
juguete *m.* toy
juntar to save up; **— se con** to take up with
junto: — a next to
justamente just; exactly
justicieramente in complete fairness
juventud youth
juzgar to judge

L

laca varnish
ladearse to lean from side to side
ladera hillside
lado side; **hacerse a un —** to step aside; **por otro —** on the other hand
ladrido barking
ladrillo brick
ladrón thief
lagaña whitish film (*in the eyes*)
lágrima tear
lama slime
lamentar to regret
lamer to lick
lámina book illustration
lampiño beardless
lana wool
lápiz *m.* pencil; **— labial** lipstick
largarse to leave
largo long; **a lo —** along
lástima pity, shame; **tener — de** to take pity on
lastimado injured, hurt
latir to throb, beat
lavaplatos *m. pl.* dishwasher
lavar(se) to wash
laxo relaxed
lecho bed
lenidad mildness

lento slow
leño piece of firewood
levemente slightly
librar to free
librería bookstore
libreta booklet
licenciado lawyer
lila lilac-colored
limonero lemon tree
limosna alms
limpieza cleaning
limpio clean
liquidar to finish off
liso smooth
listo ready
locura folly
lograr to succeed, manage
lombriz *f.* earthworm
lona canvas
loto lotus
loza chinaware; ceramic
lucir to shine
lucha struggle
luchar to struggle
luego then; **— de** after
lúgubre gloomy
lujo luxury
lustroso lustrous

LL

llama flame
llanura plain
llave *f.* key; water faucet
llorar to cry
lloriquear to sob, whine
llovizna drizzle, mist

M

macizo thick, solid, massive
machetazo machete blow
madeja skein
madera lumber, timber; wood
madrina godmother
madroño fruit-bearing bush
madrugada daybreak
madrugador early riser
mahometano Mohammedan
maldito damned
maleta suitcase
malsano unwholesome; sickly
manchar to stain, soil
mandar to send; to order, command
mandíbula jaw
manejar to handle
manera way; **de — que** so that
manga sleeve
manilla hand-shaped door knocker
mano *f.* hand; **darse la —** to shake hands
manta blanket
manto blanket
manzana apple
mañoso sly, unpredictable
maquinalmente automatically, unconsciously
marcado prominent
marchitarse to wilt
mareado dizzied
mareo dizziness
marido husband
mármol marble (top)
mata plant
matinal *adj.* morning
matorral *m.* bush, thicket
mayor greater, greatest; larger, largest; older, oldest
media sock
mediar (i) to intercede, stand between
medida measure; **a — que** while
medio half; means; medium; **a — +** *inf.* half + *p.p.*, *e.g.*, **a medio cerrar** half-closed; **en — de** in the midst of
mejilla cheek
mejor better; **a lo —** perhaps

melena long hair
melosidad sweetness
mendigo beggar
menear to wag
menor least; smallest; youngest
mentir (ie, i) to lie
menudo: a — frequently
mercader *m.* merchant
mercería dry goods store
merecer to deserve
mero mere
mesón counter
metáfora metaphor, figure of speech
meter to put, place
mezclar to mix
mezquino stingy, mean
miedo fear
milpa corn
mimado pet, favorite
minuciosamente carefully
minúsculo tiny
mirada look, expression
mismo same; selfsame
modo way; **de todos — s** anyway, in any case
molde *m.* mold
moler (ue) to grind up
molestar to bother, annoy
molestia inconvenience, disturbance, annoyance
molido *adj.* ground
moneda coin
montar to mount
monte *m.* mountain(s), woods
montura saddle
monzón monsoon
morder (ue) to bite
moreno dark; dark-haired
moribundo dying
mortecino subdued
mostrar (ue) to demonstrate, show
movedizo shifting
móvil *m.* motive
mudo mute
mueble *m.* piece of furniture
mueca grimace
muela molar
muestra evidence
mujeriego woman-chaser
muñeca wrist
murmullo murmur
musgo moss
muslo thigh

N

nadar to swim
nariz *f.* nose, nostril
naturaleza nature
navaja knife, razor
negar (ie) to deny, refuse
nieto grandchild
niñez childhood
nomás only
nonato unborn
novedad novelty; recent news or event
novedoso new
nube *f.* cloud
nuca nape (of the neck)
nudo knot
nuera daughter-in-law
nueva news

O

obedecer to obey
obrero worker
obscurecer: al — at nightfall
obstinación persistence
obturar to wall off
ocre ochre-colored
ocultar to hide
ocupar to occupy; **— se** to worry; **— se de** to undertake to
oficinesco *adj.* office
oficio profession
ofrendar to make offerings

oler (ue) to smell
olor *m.* odor, smell
oloroso reeking
olvidar(se) (de) to forget (to)
olvido oblivion
ondulación wavy motion
opinar to observe, have the opinion
oración sentence
ordenar to command, order
oreja ear
orgullo pride
orgulloso proud
orilla river bank
orín *m.* urine
orinar to urinate
oscilar to waver, fluctuate
oscuras: a — in the dark
oscurecer to grow dark
oscurecido darkened

P

padecer to suffer
pagar to pay
paisaje *m.* countryside
paja straw
palpar to touch, feel
palpitar to throb
pálpito twinge (of fear)
pandemonio total confusion
pantalones *m. pl.* pants; panties
pantufla slipper
pañuelo kerchief
papagayo parrot
papel role
paraíso paradise
paranera pasture
pardear to grow dark
pardo brown
parpardear to blink
parte: por otra — on the other hand
partir to split, divide; to depart
parroquiano customer
paseo trip, stroll
pasillo hallway
pedruzco rough stones
pasmado astounded
paso step, pace
pastelería bakery
pasto grass
pata foot
patear to kick
patilla sideburn
patrón boss
pausado slow
paz *f.* peace
pecoso freckled
pedazo piece
pedruzco rough stones
pegado: — a gathered close to
pegar to strike
pejorativo unfavorable
pelado bare
pelear to fight
película movie
peligro danger
peligroso dangerous
pelo hair; **a —** bareback
peluquería barbershop
pellejo skin, hide
pender to hang
penoso distressing
pensativo thoughtful, pensive
pensión boarding house
penumbra half-shadow
peña rock
percatarse to give thought to
percutor *m.* hammer
pereza laziness
perezoso lazy
perfil *m.* profile
periodista journalist
permanecer to remain
perplejedad perplexity
perseguir (i) to pursue; to continue
persiana Venetian blind, shutter
persistir to persist, continue
pertenecer to belong
pertenencias *f. pl.* belongings
perturbación disturbance

pesadilla nightmare
pesante heavy
pesar: a — de in spite of; **a — suyo** in spite of oneself
pestañear to blink; *n.* movement of the eyelashes
pez *m.* (*pl.* **peces**) fish
pezón nipple
pica prod
picardía roguishness
pie *f.* foot
piel *f.* skin
pierna leg
pieza room
pifia display
pinza forceps
pipa pipe
pisar to tread
piso floor
placer *m.* pleasure
plano flat
planta: — baja ground floor
plantarse to stand firm
platicar to chat
plomo lead
plumero feather duster
poco: a — de shortly after
podrido rotten
polveado powdered
polvo dust
polvoriento dusty
pollo chicken
pomo bottle, flask
pómulo cheek(bone)
poner to put, place; **—se** to put on; to become; **—se a** to begin; **—se de acuerdo** to come to *or* reach an agreement
portarse to behave
posar to perch, light
pote *m.* pot
potrero pasture
precipitarse to rush headlong
precisar to define
preferido favorite
preguntar to ask, question; **—se** to wonder
preñada pregnant
preocuparse to worry
presión pressure
pretendiente *m.* suitor
primo cousin
prisa haste; **de —** hurriedly
probar (ue) to try (out); to prove; to taste
procurar to attempt
proferir (ie, i) to utter
prometer to promise
promoción class
promontorio headland
pronosticar to predict
pronto soon; **de —** suddenly
pronunciar: —se por to prefer
propina tip
propio *adj.* own
proporcionar to apply
provinciano provincial
provocar to arouse, provoke
proyectar to plan
puente *m.* bridge
puesto (*p.p. of* **poner**): **— en marcha** set in motion; *n.* position, job
pulcritud tidiness
pulcro neat
pulido neat, polished
pulir to stroke, polish
pulsero *adj.* wrist
punta tip
puntapié *m.* kick
punto point; dot; **a — de** on the verge of
punzante sharp
puñado handful
puño fist

Q

quebrar (ie) to break
quejarse (de) to complain (about)

quejido moan
quemado (sun)burned
quitarse to take off, remove

R

ráfaga gust of wind
raíz *f.* root
rama branch
raro strange
rascar to scratch
rasgar to tear
rasguño scratch
raspar to scrape
ratón rat
raya stripe; **a —s** striped
rayo lightening bolt
reanudar to resume
rebaño flock
rebelde *m.* rebel
reblandecer to soften
rebosante thickly covered
recalcar to stress
recámara bedroom
recipiente container
recoger to pick up
reconfortante comforting
reconocer (zc) to recognize
recordar (ue) to remember; to remind
recorrer to pass along, through
recostado reclining
recriminación accusation
recriminar to charge with a fault
rectificación correction
recuerdo remembrance
recurrir a to resort to
rechazar to reject
red *f.* net; **— metálica** screen (door)
redondeado rounded
redondo round
reemplazar to replace
reflexionar to reflect
refresco soft drink
refunfuñar to grumble
regla rule
regresar to return
reinar to rule, reign
reirse to laugh
rejuvenecer to grow young
relato story, account
relinchar to neigh
reloj *m.* watch
remedio remedy; **no tiene —** it's hopeless
remolino swirl
removerse (ue) to stir, move
rencor *m.* rancor, animosity
rendido exhausted
rendija crack
rendirse (i) to give up
repasar to tidy up; to stroke, rub
repegar to come close
repente: de — suddenly
repentinamente suddenly
replicar to reply
reponer to reply; **—se** to recover one's composure
reposar to lie
reptar to crawl
resaltar to stand out, contrast
resbaladizo slippery
resbalar to slip
resolver (ue) to resolve
resoplar to breathe noisily
resoplido loud exhalation
resorte *m.* spring
resplandecer to glisten
resplandor glow
resuello panting
resultado result
retazo piece
retirar to withdraw
retocado tinged
retorcer to writhe
retorcido angular
retrato portrait
retumbar to resound

reunirse to get together, meet
reverencia curtsy
revés: al — backwards, just the opposite
revolver (ue) to turn over; to stir
revuelto disarranged
riachuelo stream
ribera bank
ribeteado studded
riñones *m.pl.* kidneys
ritmo rhythm
roble *m.* oak
roce *m.* brushing; clicking
rodar to roll
rodear to encircle, surround
rodilla knee
romper to break
ronco hoarse
rondar to be nearby, at hand
ropa clothes
ropero closet
rosado pink
rostro face
rubicundo blond
rubio blond
rueda wheel
rugido growl
ruido noise, sound
rumor *m.* noise

S

sábana sheet
sabiduría wisdom
sable *m.* saber
sabor *m.* taste, flavor
saborear to savor
sacar to stick out; to take out; to bring out; to get; to remove
sacerdote *m.* priest
sacudir to shake, wave
sacudón sudden shake
salida exit, way out; short trip
salón exhibition gallery; living room
salsa sauce
saltar to leap, jump
salto leap
saludar to greet, say hello
salvar to save
salvo except
sandía watermelon
sangre *f.* blood
santo holy; **Semana — a** Holy Week
sapo toad
sapolio detergent soap
sauce *m.* willow
saya skirt
secar to dry
sed *f.* thirst
seda silk
segregar to produce, secrete
seguir (i) to continue, go on
según according to
sembrío cultivated field
semejante similar
sendero path, trail
seno breast
sentenciar to judge
sentir (ie, i) to feel; to sense; to hear; to regret
señal *f.* sign; indication
serpentino twisting
servir (i) to serve; **— se de** to make use of
sí: en — in itself
sicua bark
sierra mountain range
silbar to whistle
silla chair
sillón chair; **— de resortes** chair with spring cushion
simular to pretend
sinvergüenza *m.* scoundrel
sobrar to be too much
sobre above; **— todo** above all
sobrellevar to tolerate, endure
sobresalto surprise, scare
sobreviviente *m.* survivor

sofocado stifling
soler (ue) to be accustomed to, in the habit of
soltar (ue) to release, let go
soltera unmarried woman
soltero bachelor
sollozar to sob
sombra shadow
someter (i) to submit
somnámbulo sleepwalker
sonar (ue) to sound, ring
soñar (ue) to dream
sonreír to smile
sonriente smiling
soplar to blow
soportar to stand, tolerate
sordo deaf; muted
sorprendido surprised
sortear to avoid
sostener (ie) to sustain, hold up
sótano basement
suavemente gently
subida ascent
subir to go up; to take up; to get into *(a vehicle)*
súbitamente suddenly
súbito sudden
suceder to happen, occur; to succeed, follow
sucio dirty
sudar to sweat
sudor *m.* sweat
sudoroso sweating
suegra mother-in-law
suelo ground
sujetar to hold onto
suma: en — in short
sumamente extremely
sumir to immerse
sumo: a lo — at the most
superficie *f.* surface
suplicar to beg
suponer to suppose
surco furrow
surgir to arise
suspirar to sigh
suspiro sigh
susurrar to whisper
susurro whisper

T

taconear to dig one's heels in
tal such; **con — que** provided that
talón *m.* heel
talle *m.* figure
tamaño size
tampoco either; neither, nor
tantear to feel out, probe
tanto so much, as much; *n.* a little bit; **al — de** aware of; **por lo —** therefore, for that reason
tapa cover
tapar to cover, seal, close up
tardar to be late; **— en** to be long in
tarea task
taza wash basin
techo ceiling, roof
tejido knitting
telaraña spiderweb
tema *m.* topic
temblar (ie) to tremble
temer to fear
templado tempered
temporada season
tender (ie) to tend; **—se** to stretch out
teniente *m.* lieutenant
teñido dyed
tergiversar to mishandle
término: en primer — in the first place
ternura tenderness
terso smooth
terreno piece of land; terrain
tía aunt
tibia lukewarm

tientas: a — groping
tierno tender
timar to swindle, cheat
timbre *m.* bell
tinieblas *f. pl.* darkness
tiraflechas bow (and arrow)
tirar to pull; to wander; to throw away, cast aside
tiritar to shiver
tiro shot; **— de gracia** coup de grace
titilante glimmering
título title, degree
tocar to touch; to ring
toldo outside baggage compartment (*of a bus*)
tomado taken over, possessed
toparse con to run into
torcido misshapen
tornar to turn; to return
tornasolado iridescent
torno: en — a on the subject of
tortuoso twisting
toser to cough
trabajosamente laboriously
tragar to swallow
trago drink
traicionar to betray
tranquilizarse to calm down
transcurrir to pass (*time*)
transmigración transference
trapo rag
tras after; behind
trasero *adj.* rear
traslado transport; delivery
tratar to treat; **— de** to try; **—se de** to be a question of
trayecto distance (*of a journey*)
trébol *m.* clover(leaf)
trenza lock (*of hair*)
trepar to climb
trocito small piece
tropa troop, squad
tropezar (ie) to stumble, trip
trote *m.* trot
trozo selection, excerpt; piece
trueno clap of thunder
turbar to disturb

U

umbral *m.* threshold
unificar to unify
untar to anoint
urgir to be urgent

V

vacilación hesitation
vacilar to hesitate
vacío vacuum, emptiness
vagar to wander
vago vague
vaivén *m.* coming and going
valer to be worth; **—se de** to make use of
valor *m.* courage
valorizar to appraise, value
valle *m.* valley
vanidoso vain
veces *f. pl.* times; **raras —** rarely
vecino neighbor; *adj.* neighboring
vegetal *m.* vegetable matter
vejar to scoff
velorio wake
velozmente fleetly
vello fuzz
vendar to bandage
vengador avenger
ventaja advantage
ventajoso advantageous
ventanal *m.* large window
ventanilla window
veranear to summer
verdolaga purslane (*herb*)
vértigo dizziness
vertinigoso dizzying
vespertino *adj.* evening

vez *f.* time: **a su —** in turn; **cada — más** more and more; **de una —** for good; **tal —** perhaps
viaje *m.* trip
víbora snake
vidriera glass showcase
vidrio glass
vientre *m.* belly
vigilante alert
vigilar to watch; to overlook; to tend to
vinculación link
visita visitor
visitante *m. or f.* visitor
vistazo: echar un — to have a glance
viuda widow
víveres *m. pl.* groceries
vociferar to shout
volar (ue) to fly
volcarse to upset
voluble fickle
voluntad will, determination
volver (ue) to turn; to return; **— a +** *inf.* to (*inf.*) again; **—se** to become; to turn around; **—se loco** to go insane
voz *f.* voice; **en — alta** out loud
vuelta turn; **dar una —** to take a stroll; **estar de —** to be back

Y

ya already; now
yerba grass
yeso plaster

Z

zanja ditch, channel
zas zip
zumbar to buzz

PERMISSIONS AND ACKNOWLEDGMENTS

Grateful acknowledgment is made to the authors and agencies cited below for their permission to reprint the texts indicated.

Enrique Anderson Imbert, *La sandía,* by permission of the author.

Marco Denevi, *La mariposa,* by permission of the author.

Hernando Téllez, *Espuma y nada más,* by permission of Beatriz de Téllez.

Juan Rulfo, *Diles que no me maten,* by permission of the author.

Julio Cortázar, *La casa tomada,* by permission of Ediciones Minotauro, copyright holders, Buenos Aires, Argentina.

Gabriel García Márquez, *Un día de estos,* by permission of Carmen Balcells Literary Agency. Copyright Gabriel García Márquez, 1962.

José Donoso, *Tocayos,* by permission of the author.

Augusto Roa Bastos, *La flecha y la manzana,* by permission of the author.

Mario Vargas Llosa, *El hermano menor,* by permission of the author.

Guillermo Cabrera Infante, *Cuando se estudia gramática,* by permission of the author.

Ernesto Sábato, *El túnel,* Chapters XIII and XIV, by permission of the author.

Carlos Fuentes, *Chac Mool* from LOS DIAS ENMASCARADOS, copyright 1954 by Carlos Fuentes. Reprinted by permission of Brandt & Brandt Literary Agency, Inc.